Von Gott kommt mir Hilfe

Eine Deutung
der Jahreslosung und der Monatssprüche
für das Jahr 2023

Calwer Verlag Stuttgart

Herausgegeben von Pfarrer Bernd Wildermuth

Der Titel dieses Bandes
wurde Psalm 62,2 entnommen.

Gedruckt mit freundlicher Unterstützung
der Calwer Verlag-Stiftung

Bibliografische Information der Deutschen Bibliothek
Die Deutsche Bibliothek verzeichnet diese Publikation in der
Deutschen Nationalbibliografie; detaillierte bibliografische
Daten sind im Internet über *https://www.dnb.de* abrufbar.

ISSN 0939-0251

ISBN 978-3-7668-4589-4

Redaktion: Andrea Scholz-Rieker, Herrenberg

Satz und Herstellung:
Karin Class, Calwer Verlag
Umschlagmotiv: © Nancy Kennedy / shutterstock.com
Umschlaggestaltung: Karin Class, Calwer Verlag
Druck und Verarbeitung: Mazowieckie Centrum Poligrafii –
05-270 Marki (Polen) – ul. Słoneczna 3C – www.buecherdrucken24.de
E-Mail: info@calwer.com; Internet: www.calwer.com

Von Gott kommt mir Hilfe

Calwer Paperback

Inhalt

Vorwort

Der 24. Februar 2022 wird in die Geschichte und in das kollektive Gedächtnis eingehen wie der 1. September 1939. Es herrscht Krieg in Europa und niemand weiß, wann und wie er beendet wird. Er beginnt wie 1939 mit einem Überfall, und seitdem ist alles anders. Mit dem Wort „Zeitenwende" hat der Bundeskanzler schon drei Tage nach dem Überfall auf die Ukraine durch Putin das richtige Wort zur Charakterisierung unserer Situation gefunden. Ob er selbst auch die richtigen politischen Konsequenzen aus der Zeitenwende gezogen hat, darüber wird im Juni 2022 auf allen Ebenen heftig diskutiert und gestritten.

In der christlichen Tradition gibt es ein Wort für die großen Wendemanöver im Leben: Umkehr. Man ist, ganz bewusst oder einfach nur blindlings, mit seiner Existenz und allen Konsequenzen in eine Richtung gelaufen und gelangt langsam oder plötzlich zu der Erkenntnis: „So geht es nicht weiter!" Über Generationen war das von der Stuttgarterin Charlotte Reihlen Mitte des 19. Jahrhunderts entworfene Bild vom breiten (falschen) und schmalen (richtigen) Weg das prägende Leitbild in der christlichen Lebenserziehung, nicht nur in Württemberg. Plakativ führte der schmale Weg ins himmlische Jerusalem und der breite Weg in die Hölle. Interessant an dem Bild ist das Gebiet zwischen diesen beiden Wegen. Es ist durch Wiesen und Brücken geprägt. Ein „Abbiegen" ist an vielen Stellen möglich, allerdings nicht mehr, nachdem auf dem breiten Weg das Tötungsverbot gebrochen wurde. Auf dem Bild mündet dieser Bruch direkt in den Krieg, und der nächste Schritt endet in der Hölle selbst.

Was kann noch geschehen, wenn das Blut zum Himmel schreit und vielen Menschen nichts weiter einfällt als der Ruf nach mehr Waffen? Wie sieht Umkehr oder gar Rettung aus?

Die Jahreslosung 2023 „Du bist ein Gott, der mich sieht" (Genesis 16,13) ist die Feststellung, dass kein Lebensschicksal Gott verborgen bleibt. Es ist die Feststellung, dass es diesen Gott braucht, damit Menschen erkennen können, ob sie auf bösem Wege sind. Es ist die Feststellung, dass Menschen wie Hagar, verletzlich und scheinbar verloren, mit der Erkenntnis, dass Gott sie anschaut, umkehren und ihr Leben wieder in die Hand nehmen können.

Ein Gott, der mich und alle anderen Menschen auf dieser Erde anschaut, ist aber auch ein Gott, der das Böse aufdeckt und den Übeltätern den Spiegel ihrer Taten und Unterlassungen vorhält. Die Auslegungen zur Jahreslosung und zu den Monatssprüchen bedenken ein Jahr lang, was es bedeutet, von Gott angeschaut und angenommen zu sein. Sie sind Orientierungsgeber und Trostspender in einem.

Ich danke allen Autorinnen und Autoren aus Pfarramt, Diakonat und kirchlichen Einrichtungen für ihre Auslegungen. Dank gebührt auch den Mitarbeiterinnen und Mitarbeitern des Calwer Verlags, insbesondere Andrea Scholz-Rieker, für ihren Einsatz. Möge das Jahr 2023 für uns alle ein Jahr werden in dem wir erfahren, dass Gott uns sieht und Frieden und Gerechtigkeit sich (einmal wieder) küssen.

Ihr Bernd Wildermuth

Die Losung des Jahres 2023

Du bist ein Gott, der mich sieht.

Genesis 16,13

Das Spiel mit den Enkeln

Kuckuck – da bin ich! Meine Enkelkinder liebten oder lieben als kleine Kinder dieses Spiel. Und auch mich fasziniert, wie die Kleinen auf mein Gesicht reagieren, sobald ich meine Hände wieder wegnehme.

Kinder im Alter bis anderthalb Jahren sehen die Welt in ihrer eigenen Weise. Die Psychologie fand heraus, dass für die Kinder alles, was nicht in ihrem Blickfeld ist, sozusagen nicht existiert. Da reicht schon eine vors Gesicht gehaltene Hand – und für das Kind ist der Mensch nicht mehr da.

Man darf darum das Spiel nicht übertreiben. Lange darf ich meine Hand nicht vorhalten, wenn ich die Kleinen nicht erschrecken will. Wenn ich sie beobachte in ihrer kurzen Irritation und ihrem freudigen Strahlen, berührt es mich und erstaunt mich auch. Sie können mein Gesicht, mein Dasein in ihrer Erinnerung noch nicht fest genug etablieren, können darauf nicht bauen, um sich meiner Präsenz sicher zu sein.

Gleichzeitig kann nur durch mein kurzes „Weg"- und „Wieder-da"-Sein die Erfahrung und das Vertrauen aufgebaut werden, dass ich hinter meiner Hand wirklich noch da bin, wenn auch verborgen.

Sind wir als Erwachsene so anders? Im Blick auf Gott, meine ich? Auch wir kennen Momente, da scheint Gott verborgen zu sein. Wenn es uns nicht gut geht, wenn wir Schweres erfahren, ist es oftmals nicht einfach, von Gottes Zuwendung und Begleitung zu sprechen – während wir uns in guten, schönen Augenblicken leichter damit tun, Gottes Spuren wahrzunehmen.

Offenbar und verborgen

Das ist völlig menschlich. In vielen Texten der christlichen Geschichte wird dies zum Thema. In verschiedenen Anläufen hat man über den „offenbaren" und den „verborgenen" Gott geschrieben und nachgedacht (Martin Luther). Das zeigt uns: Alle Glaubenden machen diese Erfahrung, dass Gott manchmal abgekehrt scheint, wir ihn nicht spüren können in unserem Leben.

Du bist ein Gott, der mich sieht …

Die Geschichte aus dem ersten Mose-Buch, aus der unsere Jahreslosung stammt, kommt aber von der umgekehrten Erfahrung her. Hagar, um die es in der Geschichte geht, wurde vielleicht noch nie in ihrem Leben wirklich wahrgenommen. Sie hatte wenig Rechte, als versklavte Frau keine Selbstbestimmung und in den Augen anderer nur begrenzte Würde. Als sie Mutter eines Kindes werden sollte, war sie für Abraham, ihren Herrn, eher Mittel zum Zweck. Hagar ist dennoch stolz über ihre Schwangerschaft – doch das stößt Abrahams Frau übel auf, die Hagar sofort aus der Familie verbannt.

… gerade in der tiefsten Krise

Und so fällt sie tiefer als zuvor, wird in der Wüste allein gelassen. Dem Verhungern, Verdursten nah, nimmt sie auf einmal – trotzdem?, gerade! – die Gegenwart Gottes wahr. Gerade hier spürt sie Gottes wohlwollenden, gnädigen Blick auf sich ruhen. In Gestalt eines Engels wird ihr, ihrem Kind und dessen Zukunft ein gutes Leben und Segen zugesprochen.

„Du bist ein Gott, der mich sieht." Der Satz, den Hagar sagt, kann im Hebräischen in zwei Worte gefasst werden: El-roi. Fortan ein Gottesname.

Wirklich wahr?

El-roi: auch dein, auch mein Name für Gott? Können wir uns darauf verlassen, dass wir Gott nicht egal sind? Gerade auch dann, wenn wir ganz unten sind?

Es ist nicht immer leicht, daran zu glauben. Dieses Vertrauen ist kein Automatismus auf Knopfdruck. Wenn Gebete scheinbar verhallen, Bitten nicht erhört werden, die uns am Herzen liegen, Lebenswünsche sich nicht erfüllen wollen oder uns sogar großes Leid trifft, dann scheint Gott fern.

Die Bibel sagt nicht, dass so ein Zweifel nicht verständlich wäre oder nicht erlaubt. Der Psalter, das große Buch der Gebete, ist voll von Klagen und Fragen nach Gott. Sogar Jesus Christus hat in seiner Todesstunde ausgerufen: „Mein Gott, mein Gott, warum hast du mich verlassen?" Das ist biblischer Realismus. Wir sind und müssen nicht perfekt sein, auch nicht in Bezug auf unser Gottvertrauen.

Christus sehen und von ihm gesehen werden

Und dennoch ist Gott uns – so die Verheißung und mein festes Vertrauen – gerade in Christus nah. Er ist der „Gesichts-Punkt" christlichen Glaubens, ist uns menschlich zugewandt. Christus ist der Gott, der nicht nur sieht, was Menschen erleiden, sondern Leidenswege sogar selbst gegangen ist: ja, sogar bis in die Gottverlassenheit hinein. Christus weiß, wie es uns gehen kann, wenn Gott fern scheint und nicht zu sehen ist. In den Lebenssituationen des äußeren und inneren Verlassenseins, wenn wir fragen: Sieht mich einer?, da gibt Christus mir die Zuversicht: Ja! Und ich kann beten: Gott, es ist wahr. Du bist ein Gott, der mich sieht.

Hagar macht die Erfahrung, dass Gott gerade dann ganz nahe ist, wenn wir vielleicht am wenigsten von ihm sehen. Was für ein Trost.

Ansehen haben und das Ansehen anderer achten

Manche Forscher und Forscherinnen sagen: Wir leben in einer immer unübersichtlicheren Welt. Es gibt so viele mediale Angebote, Informationen im Sekundentakt, dass wir die Übersicht verlieren. Oft können wir nicht mehr einordnen, was wichtig und weniger wichtig ist. Ja, manchmal können wir sogar richtige und falsche Informationen nicht mehr zuverlässig unterscheiden. Manche, die meinen, dass man sie nicht sieht, spielen ein übles Spiel in den sozialen Medien. Da wo Information oder gedanklicher Austausch stattfinden sollte, werden Hass und Feindschaft und Wut gesät. Dabei will man sich nicht zeigen und auch nicht gesehen werden.

Als Christinnen und Christen wissen wir uns von Gott gesehen, wahrgenommen. Das schenkt mir Würde und Ansehen. Ich kann mein Gesicht zeigen, denn bei Gott gesehen zu sein, stellt mich auch in Verantwortung für die Würde, Ansehen und das Gesicht anderer Menschen einzutreten. Gott schenkt und tritt für uns ein, damit wir auch schenken und für andere eintreten können.

El roi – das kürzeste Glaubensbekenntnis

Viele Menschen haben sich auf dem Kirchentag in Berlin 2017 unter dem Wort versammelt: „Du siehst mich" – und über Gottes Gegenwart in unserem Leben und Sterben nachgedacht, darüber gebetet und die Gemeinschaft der Gesehenen erlebt. Denn dass Gott uns sieht, dass Gott unser Leben und diese Welt nicht gleichgültig ist, das ist wirklich der Grund-Satz unseres Glaubens.

Unsere Jahreslosung eignet sich darum als das kürzeste Glaubensbekenntnis, in dem alles Wichtige über Gott schon enthalten ist. Als Schöpfer hat Gott diese Erde angesehen (und dass sie gut ist!). Jesus Christus nahm Menschen mit Aufmerksamkeit, Mitgefühl und Liebe wahr (und zwar besonders die, die wenig oder kein Ansehen hatten!). Und der Heilige Geist vergewissert uns in zweierlei Hinsicht: dass wir bei Gott ungebrochenes Ansehen haben – und dass wir darum ausgesandt sind in diese Welt, um andere anzusehen, denen es an Ansehen mangelt: Menschen wie Hagar, versklavt, vertrieben, hungrig, heimatlos. Weil Gott gerade sie ganz besonders sieht. Und damit alle, deren Namen nicht genannt und deren Gesichter nicht gezeigt werden.

Wege in das neue Jahr 2023

Die Wegstrecke, die vor uns in diesem Jahr liegt, ist noch vor unseren Augen verborgen. Wir können noch nicht sehen, was kommt. Vor manchem, was geplant oder überlegt ist, mögen wir uns fürchten, auf anderes freuen wir uns jetzt schon und es wird Unvorhergesehenes in unser Leben eintreten. Wir kennen die Wegstrecken, die wir gehen, noch nicht. Deshalb kennen viele auch eine Zwiegespaltenheit zu Beginn eines neuen Jahres.

Gott sieht alle Wege, die ich gehe

Gerade an der Schwelle zu einem neuen Jahr nimmt er uns die Schwellenangst und will unser Begleiter sein. Er sieht uns und lässt uns nicht allein. Er schenkt uns den aufrechten Gang der Kinder Gottes. Er gibt uns Gesicht und erweitert unser Gesichtsfeld. Was für eine Ermutigung, wenn uns der Mut verlassen will. Er ist ein Sehender, der unser Leben in seinen Blick einhüllt und damit einmalig werden lässt. Bei ihm gehen wir selbst in eine neue Schule des Sehens.

Wir haben Ansehen. Bei Gott.

Gott schenke uns darum – in beiderlei Hinsicht – seinen liebevollen Blick!

Nicht nur in diesem Jahr.

Frank Otfried July

Lied

Du bist ein Gott, der mich anschaut – Kirchentagsliederbuch 2017

Segen

Gott sieht dich,
  wenn du dich selbst nicht mehr sehen willst –
er spricht zu dir,
  wenn du selbst nicht mehr sprechen kannst –
er geht mit dir,
  auch wenn du keinen Schritt mehr vor den anderen setzten möchtest.
Er ist näher bei dir,
  als du dir selbst nahe sein kannst.

Monatsspruch für Januar

Gott sah alles an, was er gemacht hatte: Und siehe, es war sehr gut.

Genesis 1,31

Jedes Mal, wenn ich diesen Vers lese oder höre, läuft mir ein Schauer über den Rücken. Ich bin fasziniert. Gott betrachtet sein Werk und befindet es für sehr gut. „Im Anfang schuf Gott Himmel und Erde, die Erde aber war wüst und wirr, Finsternis lag über der Urflut und Gottes Geist schwebte über dem Wasser." Jede einzelne Tat, jeder einzelne Schöpfungstag ist gut. Und dann am Ende dieses „sehr gut". Ich bin fasziniert und zugleich erschüttert, wenn ich die heute so geschundene Welt betrachte, wenn ich wahrnehme, wie viel im Argen liegt, wie viel Not da ist und wie viel Verantwortung sich daraus für jeden Menschen ergibt. Was werde ich beisteuern zur guten Zukunft, wie werde ich meinen Teil der Verantwortung übernehmen in meinem Denken und Handeln?

Einige Themen unserer Zeit können sensibilisieren für den Blick Gottes auf seine Welt „Und siehe, es war sehr gut."

Ordnung schaffen: das Chaos bändigen

Ordnung, Durchblick, Klarheit schien das erste Anliegen der göttlichen Schöpfungskraft zu sein, um die ganze Schönheit des Kosmos zu zeigen und die Entfaltungsmöglichkeiten des Menschen sichtbar werden zu lassen.

Wenn das Gottes Absicht und Plan ist, Leben in Fülle zu ermöglichen, dann haben wir eine große Aufgabe. „Wir sind auf einem guten Weg, den Plan Gottes in Deutschland zu verwirklichen“ – das war im April 2022 der mich überraschende Gedanke aus dem Mund des Rottenburger Oberbürgermeisters Stefan Neher. Gewohnt ist man zu hören, wo der Wille Gottes überall nicht erfüllt wird. Angesichts der Katastrophen in der Welt und der vielfältigen Aufgaben in unserer Gesellschaft mag man auch dazu neigen, an der Menschheit zu verzweifeln. Doch nein, es gibt diese andere Überzeugung. Ein aufrüttelnder Satz. „Wir sind auf einem guten Weg, den Plan Gottes in Deutschland umzusetzen.“ Gottes Plan – so das Zeugnis der Bibel – besteht aus Liebe und Gerechtigkeit. Die Bibel ist voller Such- und Finde-Erzählungen, sie ist voll vom Ringen, Gottes Plan und Weg zu erkennen und zu gehen. Sie erzählt viele Erfahrungen von Versuch und Irrtum und von Gelingen und Durchbruch zum Guten. Wie oft geht es in der Bibel um Macht, um die Herrschaft über Menschen oder gar ein ganzes Volk. Wie oft geht es um Krisen, die kaum gelöst werden können. Wie oft geht es um schier ausweglose Schicksale. Diese Welt ist so voller Gegensätze, sie befindet sich in einem Kampf zwischen Gut und Böse, zwischen Liebe und Hass, zwischen Wahrheit und Lüge, zwischen Gerechtigkeit und Macht. Nicht Gott zieht die Strippen, sondern Menschen versuchen sich als Strippenzieher*innen dieser Welt. Sie entscheiden, wie sie mit Krisen umgehen, ob sie Corona für harmlos halten oder für bedrohlich, ob sie mitgehen und alles daran setzen, dass dieses Virus uns nicht beherrschen kann oder nicht. Sie entscheiden, ob sie die Aggressoren eines Krieges rechtfertigen oder sie für menschenverachtende Kriegsverbrecher halten, denen mit allen zur Verfügung stehenden Mitteln Einhalt geboten werden muss.

Menschen entscheiden, ob diese Welt im Chaos versinkt oder aufblühen kann.

Genau da setzt dann an, dass Deutschland auf einem guten Weg sei, den Plan Gottes zu leben. Ja, da gibt es viele Schritte und Entwicklungen, die genau das zeigen. Überall, wo Menschen guten Willens auf die Straße gehen für den Frieden, überall, wo Geflüchteten Wohnraum zur Verfügung gestellt und alles getan wird, dass sie nach dem Trauma der Flucht Zukunft sehen, überall dort, wo versucht wird, durch Sanktionen und Unterstützung des angegriffenen Volkes diesen Krieg zu beenden, überall, wo sozial gehandelt und Not gelindert wird. Dass jedes Handeln heute global zu sehen ist, scheint mir wesentlich bei diesem Gestalten des Planes Gottes. Wenn etwa die große Kornkammer der Welt bedroht ist zu versiegen, dann fehlen in Deutschland Mehl und Nudeln, in einigen afrikanischen Ländern jedoch ist dadurch das Überleben bedroht. Es kommt also auch immer auf die Verhältnismäßigkeit der eigenen Perspektive und des eigenen Klagens an.

Klima schützen: Menschenleben retten

Parteien, Wissenschaftler, Umweltgruppen legen den Faktencheck schon lange beharrlich vor. Die Erderwärmung muss gestoppt werden, sonst werden die kommenden Generationen wenig zu lachen haben. Das Pariser Klima-Abkommen 2015 und die Klimakonferenz von Glasgow 2021 sind Wegmarken. Jede*r von uns spürt die Herausforderung, umzudenken und klimaschonend zu leben. Vielleicht ist es manchmal einfacher als man denkt, die gewohnte Lebensweise zu verändern. Einige Beispiele: Für viele Wäschestücke reichen heute niedrige Waschtemperaturen aus.

Regionale Produkte unverpackt kaufen, um Transportwege, Wasser und Plastik zu sparen. Den Kühlschrank nur kurz öffnen. Beim Kochen den Kochtopf schließen. Die Heizung nachts herunterdrehen. Im Winter Stoßlüften statt Fenster kippen. Papierverbrauch einschränken. Den Stand-by-Modus abschalten. Müll konsequent trennen. Öfter mal zu Fuß gehen und das Auto stehen lassen. Sich bewussteren Fleischkonsum angewöhnen.

Jede*r kann etwas tun – sogar mit Lust und Zufriedenheit. Das wird andere anstecken. Und wenn immer mehr mitmachen, dann kann es gelingen, das Klima und damit Menschen zu retten. Wir können viel, wenn wir nur wollen. Dann werden wir sagen: Und siehe, es war sehr gut – und wir haben unseren Anteil daran.

Global handeln: Balance anstreben

In der globalisierten Welt werden im internationalen Handeln andere Maßstäbe zugrunde gelegt als die des jüdisch-christlichen Glaubens. Die Ordnungsmaßstäbe der Schöpfungserzählung gelten hier nicht. In den Bereichen Wirtschaft, Politik, Kultur, Umwelt, Kommunikation stehen die weltweiten Verflechtungen oben an. Und es geht darum, wie diese Welt zusammengehalten werden kann, wie die Völker friedlich und auf das Wohl aller bedacht, die je eigenen Interessen verfolgen können, wie ökonomische Wirtschaftsabkommen getroffen werden und Lieferwege optimiert werden ...

In Balance ist diese Welt nicht. Die vielen Krisenherde und die Hilflosigkeit, wenn außergewöhnliche Situationen eintreten, machen das deutlich. Der Zusammenhalt ist brüchig geworden und diplomatisches und gleichzeitig klares Handeln sind gefordert.

Das Christentum hat für die Globalisierung und ihre Herausforderungen kein Patentrezept, jedoch klare Hinweise in der Bergpredigt (Matthäus 5,1–7,29). Sie sind eine Wahrheit, der man sich öffnen kann, ob Christ*in oder nicht. Sie schafft den Perspektivwechsel zur Diplomatie des Herzens und zu einem gerechten Weg. Die Bergpredigt ist wie eine Ausführungsanleitung für dieses „Und siehe, es war sehr gut".

Gerecht handeln: Hüter*innen der Erde sein

Der Priester Adolph Kolping (1813–1865) hatte seinen Weggenossen zu seiner Zeit ins Stammbuch geschrieben: „Mit bloßen Listen und Kniffen, mit purer Gewalt, mit bloßem Geld und schlauen Praktiken wird die Welt doch nun einmal nicht einzig und allein regiert." Aus ihm spricht die ganze Verzweiflung seiner Zeit. Menschen erlitten Unrecht durch die Mächtigen ihrer Zeit, die jedes Maß für Gerechtigkeit und Recht verloren hatten. Wie kann soziale Gerechtigkeit erreicht und vor allem dann bewahrt werden – eine Menschheitsfrage. Die Bibel erzählt ständig darüber. Die Ordnungsliebe Gottes im Schöpfungsbericht ist ein Impuls, Gerechtigkeit walten zu lassen, um den Ausgleich zwischen den Kräften der Erde zu ringen, um sagen zu können: „Und siehe, es war sehr gut." Warum ich Adolph Kolping nenne? Weil ich damit zwei seiner Zeitgenossen ebenso im Blick habe: Karl Marx und Friedrich Engels. Diese drei Männer verfolgten das Ziel von mehr Gerechtigkeit für die Menschen. Ihre Wege dahin hätten unterschiedlicher nicht sein können. Die einen wählten den Weg der lauten Revolution, die zu Straßenkämpfen führte und Menschenleben kostete. Adolph Kolping zog den ruhigen, friedvollen Weg vor. Er zeigte, dass es möglich ist, ohne Gewalt große Ziele zu erreichen. Innerer Friede schafft äußeren Frieden, gerechtes Handeln wird sich wie im Schneeballsystem einnisten in die DNA der Gesellschaft. Diese Vision hatte er und für sie lebte er.

Die Welt heute braucht wieder diese Erinnerung an die friedliche, stille Revolution eines Adolph Kolping. Wo starke Eigeninteressen und Gier das Spiel des Lebens bestimmen, wird es gefährlich. Das sehen wir an vielen Orten der Welt. Die Tendenzen zu Rassismus und Polarisierungen auch in Deutschland machen deutlich, dass in unserem Land nicht alles in Ordnung ist. „Verantwortlich leben – solidarisch handeln“ darum geht es, damit wir sagen können: „Und siehe, es war sehr gut.“

Diversität: Rollendenken überflüssig

Die Themen Geschlecht, Geschlechterrollen und Identität sind in unserer Gesellschaft allgegenwärtig. Wir werden von klein an auf Rollendenken ausgerichtet. „Ich brauche vier starke Jungs, die mir die großen Kisten tragen.“ Oder „Weine nicht! Du bist doch kein Mädchen!“ oder „Mathe ist nichts für Mädchen“. Solche Rollen schreiben wir anderen zu – auch uns selbst und sogar Gott. Das Denken in Geschlechterrollen schafft Ungleichheit und immer wieder auch Unterdrückung. So werden in vielen Berufen Männer und Frauen unterschiedlich bezahlt. In der Politik und in den Chefetagen gibt es noch immer mehr Männer als Frauen. Kindererziehungszeiten bedeuten nach wie vor oft den Karriereknick für Frauen.

Schauen wir noch weiter: Es gibt Menschen, die nicht männlich oder weiblich sind. Geschlechtervielfalt ist normal, heute reden wir darüber, früher war es ein Tabuthema. Der Apostel Paulus bringt es auf den Punkt: „Vor Gott sind alle Menschen gleich." Das kann doch nichts anderes heißen, als dass wir beharrlich hinterfragen müssen, mit welcher Rechtfertigung in unseren Kirchen und in der Gesellschaft nicht alle gleich behandelt und respektiert werden. Dann können wir sagen: „Und siehe, es war sehr gut."

„Gott sah alles an, was er gemacht hatte: Und siehe, es war sehr gut."

Gottes ordnendes Schöpfungshandeln geht durch uns Menschen weiter. Nehmen wir das Angebot und den Auftrag mitsamt der Verantwortung und den notwendigen Schritten an.

Claudia Hofrichter

Lied GL 468 Gott gab uns Atem, damit wir leben

Gebet

Gott, wir bitten dich, öffne uns,
öffne unsere Herzen für dich und deinen Auftrag an uns,
öffne unsere Sinne, unsere Augen,
unsere Ohren und unseren Verstand,
um zu erkennen, wozu du uns rufst.
Öffne unsere Hände,
um aus deinem Wort und Geist zu handeln.
Öffne uns füreinander.
Die Nöte unserer Weltgemeinschaft lass uns klar sehen,
damit wir hinstehen und zupackend uns für mehr
Gerechtigkeit und Frieden einsetzen.
Wir bitten dich um deinen Geist. Amen.

Monatsspruch für Februar

Sara aber sagte: Gott ließ mich lachen.

Genesis 21,6

Ein Christmensch lacht nicht?

In der Bibel wird nicht oft gelacht. Dabei ist das hebräische Wort für „Lachen“ – „zahak“ – ein schönes Wort. Schön, weil es, wie das deutsche „Lachen“, lautmalerisch das Lachen zu Gehör bringt. Schön aber auch, weil seine Bedeutung über das Lachen hinausgeht: scherzen, tanzen, spielen, liebkosen, flirten. Und auf der anderen Seite verlachen, spotten, erleichtert oder zuversichtlich lachen. Alles was lebt, kann lachen, nur die Toten lachen nicht. Lachen ist ein Ausdruck von Lebendigkeit.

Im Neuen Testament kommt das Wort „lachen“ nur dreimal vor, davon zweimal als Bußruf: „Wehe euch, die ihr jetzt lacht!“ (Lukas 6,25). Gibt es im Neuen Testament nichts zu lachen? Oder hören wir das heimliche Lachen nicht, das die Evangelien durchzieht? Der Lobgesang der Maria: Das ist doch das Lied einer lachenden, tanzenden Frau! Kann man Jesu Wort vom Kamel und Nadelöhr (Matthäus 19,24) oder das Gleichnis vom reichen Kornbauern (Lukas 12,16ff) anders als mit einem ironischen Lächeln gesprochen verstehen? Und welch silberzartes Lachen durchzieht die Ostergeschichten: Maria Magdalena hält Jesus für den Gärtner, der Engel sitzt auf dem Grabstein und gibt den Frauen Rätsel auf, Jesus ist inkognito unterwegs mit den Jüngern auf dem Weg nach Emmaus: Das ist doch wirklich zum Lachen.

Doch wir haben verlernt, diese Untertöne zu hören. Denn richtig ist: Es wird im NT nie berichtet, dass einer der Akteure gelacht habe. Sehr viel häufiger wird geweint. Und so hat sich im Christentum eine Tradition entwickelt, die dem Lachen negativ gegenübersteht, vor allem dem Lachen in religiösen Dingen. Denn wer lacht, nimmt der die Dinge noch ernst? Vor allem im Mönchtum wurde daraus ein regelrechtes Lachverbot. Wunderbar nachzulesen ist die ganze gelehrte Diskussion über das Lachen im Mönchtum in Umberto Ecos Roman „Der Name der Rose". Ein Christenmensch lacht nicht, denn Christus hat nie gelacht, dekretiert der strenge Jorge von Burgos.[1]

Sara lacht

In der Bibel wird selten gelacht. Umso mehr überrascht die Geburtsgeschichte Isaaks (1. Mose 17–21), die voller Lachen steckt. Abraham lacht (1. Mose 17,17), als Gott zum ersten Mal über seinem Sohn von seiner Hauptfrau Sara spricht und von vielen Generationen, die kommen werden. Abraham lacht, denn er hat bisher keinen Sohn von Sara, und die Lage ist verzweifelt, da beide alt sind. Und nun das: ein Sohn, ein Bund, Nachkommen. Kein Wunder, dass Abraham jubelt.

Und dann das berühmte Lachen Saras im Hain von Mamre (1. Mose 18,1–15). Drei Männer besuchen Abraham und wiederholen die Botschaft: Sara wird in einem Jahr einen Sohn von dir haben. Diesmal ist es Sara, die lacht: Was, ich? Jetzt, wo ich vertrocknet bin? Das kann doch nicht wahr sein! Das wäre ja wie der Sechser im Lotto! – Der Besuch hört Saras Lachen und fragt: Warum? Sollte

---

1 Umberto Eco, Der Name der Rose, München 1982, S. 126.

Gott etwas unmöglich sein? Sara, verunsichert, leugnet ihr Lachen. Vor Gästen lacht man nicht!

Schließlich wird Sara tatsächlich von Abraham schwanger und bringt einen Sohn zur Welt (1. Mose 21). Abraham gibt ihm den Namen und beschneidet ihn, doch Sara begründet den Namen: Gott ließ mich lachen. Denn Isaak bedeutet „Er lacht." „Jubel", übersetzt Benno Jacob[2]. Wer lacht da? Wer ist „Er"? Das Kind? Der Vater? Gott? Sara fährt fort: Nicht nur lässt Gott sie lachen, auch die Freunde und Nachbarn lachen mit ihr und freuen sich.

Das hebräische Wort „Lachen" hat viele Facetten, und die Texte der Geburtsgeschichte Isaaks lassen die Motive des Lachens offen. Umso spannender ist, wie sie ausgelegt werden. Für den jüdischen Ausleger Benno Jacob ist klar, dass Abraham und Sara jubeln und lachen. Die christliche Auslegung (z.B. Claus Westermann) aber vermutet eher ein skeptisches Lachen, „Ungläubigkeit", „zweifelnde Reaktion", „heimliche Sünde", „Verbitterung", und kann sich das Lachen der „anderen" nur als Hohn und Spott vorstellen. Doch diese Interpretation scheint mir abwegig. Ein langgehegter, über die Jahre immer unwahrscheinlicher werdender Kinderwunsch verzweifelter Eltern geht überraschend in Erfüllung. Und darin erfahren die Eltern, dass bei Gott kein Ding unmöglich ist. Was könnte natürlicher, menschlicher und vertrauensvoller sein als zu lachen und zu jubeln und damit Gott zu loben? Und Gott stimmt in dieses Lachen ein. Was für ein starkes Band zwischen Himmel und Erde! Sara wird so nicht nur zur Erzmutter, Matriarchin und Mutter des Glaubens. Sara hat auch das Lachen in der Bibel gerettet.

---

2 Benno Jacob, Das Buch Genesis, 1934, Nachdruck Stuttgart 2000.

Die Welt des Lachens

Lachen ist eine basale Fähigkeit des Menschen. Ein neugeborenes Kind schreit aus einem inneren Antrieb heraus, und die Eltern reagieren, die Mutter stillt, der Vater wickelt, beide tragen und wärmen und schenken Nähe und Sicherheit. Hat sich aber das Sehen justiert, beginnt dieser wunderbare Moment: Das Kind lächelt. Es lächelt zurück. Es lacht. Es lacht zurück. Welch' ein Glück! Lächeln, Lachen, das ist das erste Gespräch auf Augenhöhe, der erste Austausch von Glücksgefühlen.

Wann lachen wir? Ganz formal gesagt: Wenn etwas unseren Verstand, unsere Alltagserfahrung oder -routine überrascht. Wenn etwas eine plötzliche Wendung bekommt. Nicht die Wendung zum Schrecken, sondern die Wendung in die Leichtigkeit. Unsere festgefügte Wirklichkeitskonstruktion bekommt einen Riss, doch durch diesen Riss quillt nicht Dunkelheit herein, sondern „that's how the light gets in" (Leonard Cohen, Anthem). Das Lachen bringt die Welt zum Leuchten.

Und deshalb kann Lachen Wunderdinge bewirken. Lachen kann erlösen – aus bedrückenden Situationen, aus Spannungen, aus innerer Erstarrung. Lachen kann aus Feinden Freunde machen – hat man erst einmal miteinander gelacht, ist es nahezu unmöglich, wieder zu Hass und Zorn zurückzukehren. „Lass es gut sein." Miteinander zu lachen, schafft eine starke Bindung zwischen Menschen. Am Lachen erkennt man die Qualität einer Beziehung. „Ich habe noch nie so viel mit jemandem gelacht wie mit dir", sagt eine Frau zu ihrem Mann oder umgekehrt. Gibt es eine schönere Liebeserklärung? Und manchmal lässt sich nur durch Lachen etwas klären, was anders nicht zu klären ist.

Wenn Lachen so viel Gutes vermag, warum meinen dann fromme Christenmenschen, Lachen sei verboten und Jesus habe nie gelacht?

„Im Lachen wird das beherrschende Verhältnis zum Körper gesprengt ...“[3] Das exzessive Lachen ist ein Sieg des Körpers über die Macht des Verstandes. Im Lachen verliert das bewusste Ich die Kontrolle und der Körper übernimmt. Lachen ist deshalb anarchisch, nach innen wie nach außen. Im Lachen geschehen Grenzüberschreitungen, werden Wertungen suspendiert. Darin ist das Lachen der sexuellen Lustüberwältigung nahe.

Das Lachverbot im Mönchtum war nur oberflächlich begründet durch den Hinweis, Jesus habe nie gelacht. Jesus, so die Überzeugung, hat nicht nur faktisch nicht gelacht, er konnte gar nicht lachen, denn er war vollkommen selbstbeherrscht. Das Lachen ist des Teufels, weil es aus dem Bauch kommt, weil es einen überwältigt, nicht dem Kopf und seiner Kontrolle unterliegt. Es ist „unter der Gürtellinie“, es erschüttert. Darin ähnelt es dem Sex, und es war genau dieser Kontrollverlust durch die Lust, die Augustin darin die Erbsünde erkennen ließ.

„Denn wo der Glaube ist, da ist auch Lachen“[4]

Saras und Abrahams und Isaaks und Gottes Lachen zeigen, dass diese theologische Verdammung des Lachens, mit ihren Konsequenzen bis in die heutige Frömmigkeitspraxis, Lebenshaltung und ins Gottesdienstverhalten hinein, ein Irrweg ist. Lachen ist eine Gottesgabe,

---

3 Helmuth Plessner, Lachen und Weinen. Eine Untersuchung nach Grenzen des menschlichen Verhaltens, 1941, S. 144.

4 Martin Luther, TR Nr. 457.

die das Leben leicht und hell macht, die uns für einen Augenblick ahnen lässt, was Erlösung ist. Nicht nur im Ich, im Denken und Wollen, sondern in der Unwillkürlichkeit unseres Leibes wirkt Gott und lässt Heilsames geschehen. Lachen ist Gnade, und die Erfahrung von Gnade lässt uns lachen. Gerade wer die gute Botschaft hört und ernst nimmt, muss lachen. Vielleicht ist es nicht zufällig, dass das griechische Wort für Gnade, „charis", sich heute wiederfindet im Wort „Charme". Charme zaubert ein Lächeln in die Welt.

Und glücklicherweise hat das Lachen nun doch eine Spur durch die Geschichte der Christenheit gelegt. Das Osterlachen, das es sogar zur Würde einer theologischen Begrifflichkeit gebracht hat: „Risus paschalis". Im Zentrum des christlichen Glaubens, bei der Botschaft von der Auferstehung Jesu Christi von den Toten, darf und muss gelacht werden. Denn Ostern ist der Riss in der Welt, durch den das Licht einströmt. Ostern ist die alles überraschende Wende der Welt und löst ein unüberbietbar befreites fröhliches Lachen aus. Der Tod ist verschlungen in den Sieg, und nichts und niemand kann uns das Leben nehmen. Und es löst ein spöttisches Verlachen aus: Tod, wo ist dein Stachel? Hölle, wo ist dein Sieg? Carl Orff hat das zu einer derben „Comoedia de Christi resurrectione" (Komödie über die Auferstehung Christi) inspiriert, in der der Teufel mit den Grabwächtern Karten spielt und am Ende in ohnmächtiger Wut im leeren Grab tobt, während die Engel singen: Christ ist erstanden, Halleluja. Und auch einige unserer Osterlieder wollen uns zum Lachen bringen, etwa das Lied, in dem der Feind an der Nase herumgeführt wird (EG 112), oder das Halleluja-ha-ha! (EG 103). Ostern zeigt uns, dass Gott lacht und Jesus Christus ein lachender Heiland ist und die Osterbotschaft unser ganzes Sein zum Lachen bringt. Gott lässt uns lachen.

Also: Lasst uns lachen oder wenigstens glücklich lächeln, wenn wir die Worte der guten Botschaft hören und uns das Abendmahl gereicht wird, das Brot des Lebens und der Kelch des Heils.

Helmut Dopffel

Lied EG 103, 1–5 Gelobt sei Gott im höchsten Thron

Gebet

Lach uns an, lieber Gott,
und öffne unser Herz für deine Gnade,
so dass wir mit Freude und Lachen erfüllt werden.
Amen.

Impuls

„‚Des Lachens enthielt er sich', meinte einst eine sich mit aller intellektuellen Schärfe für die ‚reine' Lehre einsetzende Theologie. Als man zu klären versuchte, wer die Person eigentlich ist, deren die Christenheit am Karfreitag und am Osterfest gedenkt, bekam man seinerzeit zwar nicht nur dies, aber doch auch dies zu hören: Jesus Christus enthielt sich des Lachens. Wollte er nicht? Konnte er nicht? War er humorlos? Oder waren es jene, die von ihm behaupteten, dass er ihr Heiland sei. Jesus Christus – ein humorloser Heiland?"

Eberhard Jüngel[5]

5 Eberhard Jüngel, Vom Ernst des Lebens. Gastkommentar zu Ostern, NZZ 30.3.2013.

Monatsspruch für März

Was kann uns scheiden von der Liebe Christi?

Römer 8,35

Christliche Gemeinden sind Hoffnungsräume. Es gibt auch andere Orte, an denen Menschen Kraft bekommen. Die Berge oder das Meer bergen die Seele durch ihre große Weite, der Mensch an meiner Seite, die Solidarität von Freund:innen, die Familien stärken in guten und schlechten Tagen. Vielen Menschen sind diese Erfahrungen wichtig für gelingendes Leben. Sie suchen deshalb nicht mehr den Weg in die Kirchengemeinde vor Ort.

Für den Apostel Paulus sind die christlichen Gemeinden trotzdem unterschieden und unterscheidbar von Erfahrungen der Bewahrung im Alltag. Der Geist Christi ist hier zuhause und im Miteinander der Schwestern und Brüder sind seine Früchte zu erkennen. Im biblischen Wort für den März findet der Apostel für diese Erfahrung seinen hymnischen Ausdruck: „Was kann uns scheiden von der Liebe Gottes?"

Leben im Geist

Was kann uns scheiden von der Liebe Gottes? Wenn ich mich in unserer Welt und unseren Gemeinden umsehe, dann brauchen wir dringend und zuerst die stete Erinnerung daran, dass Gott nicht fern ist.

Darum diskutiert Paulus in den vorausgehenden Versen im Kapitel 8 des Römerbriefs die Frage, was unter dem Leben im Geist Christi zu verstehen ist. Der Geist Christi verbindet uns mit Gott. Der Gegensatz vom alten Leben „im Fleisch“ zum neuen Leben „im Geist“ wird von Paulus als Unterschied in der Grundausrichtung des Lebens erläutert: Die im Geist leben, leben von Christus her und auf Christus hin. Der Geist Christi ist Prinzip und Kraftquelle des Handelns der Christ:innen, zugleich ist er der Unterpfand der Hoffnung auf die künftige Auferstehung.

Der Geist Christi öffnet mitten im Leben einen Hoffnungsraum und macht die christlichen Gemeinden zu einem Experimentalraum für die Menschlichkeit. Dabei geht es um mich und dich, aber nicht nur um Persönliches. Das Seufzen der Kreatur ist ebenso mitgemeint wie das Seufzen der ganzen Schöpfung. Es weht ein universaler Wind durch die Gemeinde Gottes.

Der christliche Glaube verbindet sich bei Paulus von Anfang an mit solchen universalen Perspektiven. Die Suche nach Frieden, Gerechtigkeit und Bewahrung der Schöpfung macht die Kirchen auch zu einer globalen Bewegung für eine klimagerechte und generationengerechte Politik. Der Theologe Paulus drückt das so aus: Auch die Schöpfung seufzt und wartet auf die Erlösung. Die Welt ist Gottes gute Schöpfung, sie ist Kreatur, geschaffen, so wie der Mensch. Die Welt ist nicht schrecklich, aber sie hat unter Schrecken zu leiden. Das Leiden ist an allen Ecken zu spüren: Mensch, Tier, Natur – auch das Leiden ist universal. Die Welt im Geist Christi zu sehen, heißt darauf zu vertrauen, dass Gott auch seine Erde nicht verlassen wird. Gottes Liebe hält mich in der Welt und gibt mir Kraft für verantwortliches Handeln in der Welt.

Was kann uns scheiden von der Liebe Gottes? So manches hätte das Potential dafür, wird man mit Blick auf die Weltlage und auf die Erfahrungen mit der Pandemie sagen müssen. Noch immer stehen wir mitten in Kriegen. Die Krisenherde zeugen von der steten Gewaltbereitschaft des Menschen und davon, dass Macht und Geld noch immer die Bühne beherrschen. Die Welt brennt an vielen Orten.

Christ:innen beharren mit Paulus darauf, dass die Hoffnung auf das Bleiben Gottes in seiner Welt und bei seinen Menschen auch gegen die Faktizität des Bösen Bestand haben wird. Es ist eine österliche Hoffnung.

Christ:innen lernen in den Gemeinden miteinander, der Treue Gottes zu vertrauen. Das ist keine einfache Sache. Auch Paulus weiß, wovon er spricht, wenn er den Christ:innen in Rom Mut macht. Er hat die ersten christlichen Gemeinden gegründet. Er hat sie begleitet, persönlich und in Briefen. Er kennt die Erwartung der Menschen. Er weiß, dass sie Hoffnung nötig haben. Er hat die Erwartung einer schnellen Wiederkunft Christi selbst in frühen Briefen genährt. Nun sieht Paulus die Jahre ins Land gehen. Mit ihnen verliert auch die Hoffnung Stück für Stück an Plausibilität und Kraft. Mit Paulus wissen wir, dass Christ:innen zu keiner Zeit sehen konnten, worauf sie gehofft haben. Paulus erinnert darum an den Grund der Hoffnung und an ihren Gang durch die Heilsgeschichte Gottes. Die alten Verheißungen Gottes an sein Volk hat Jesus Christus für alle Welt geweitet, die Kraft des Heiligen Geistes lässt sie weiterwachsen. Am Ende wird die Hoffnung zur Gewissheit, Jesus selbst wird sie vollenden.

Der Weg Gottes in die Welt ist ein Weg an die Seite der Menschen – daran erinnert uns die Monatslosung in den Wochen der Passionszeit. Auch für uns Heutige liegt die Auferweckung Jesu von den Toten zugleich vor und hinter uns. Dass Christus lebt und wiederkommen wird, dass der auferstandene Herr dann die Erde verwandelt und zum Reich Gottes macht, ist und bleibt der Grund unserer Hoffnung auch gegen manchen Augenschein.

Das ist die Theologie der Hoffnung. Sie hat es nicht leicht gegen die Erfahrung der Hoffnungslosigkeit. Sie muss ankämpfen gegen Menschen, die es schlecht meinen; sie muss auf Frieden beharren gegen die Kriegstreiber, sie muss für eine gerechte Welt aufstehen gegen die Nutznießer von Ungerechtigkeit. Sie muss die Sehnsucht nach einem guten Leben festhalten, gegen das Sterben und Leiden der Menschen an den Folgen von Pandemie, Gewalt, Hunger oder Vertreibung weltweit.

Liebe bleibt in der Welt

Was kann uns scheiden von der Liebe Gottes? Vieles könnte uns trennen, Paulus weiß das. Trübsal und Angst, Verfolgung und Blöße, Gefahr oder Schwert – in die Aufzählung der Schrecknisse in den Versen nach der Monatslosung ist alles Leiden und alle Not der Generationen nach den ersten Gemeinden bis heute mitgemeint.

Darum ist Hoffnung nötig. Und die Liebe ist dafür der treffende Begriff. Sie ist eine semantische Brücke zur Welt, unmittelbar verständlich, dringend notwendig und bei Gott in Hülle und Fülle vorhanden. Die Liebe Gottes verbindet uns mit der Geschichte des auserwählten jüdischen Volkes und macht die christlichen Gemeinden selbst zu Zeugen der Offenbarung dieser Liebe.

Im Bleiben in der Liebe Gottes sind Christ:innen zu allen Zeiten dazu berufen, ihre Hoffnung zu teilen. Paulus übt darum mit den christlichen Gemeinden den Blick ein, den der Heilige Geist lehrt.

Von der Liebe Gottes lebt auch die Verantwortung der christlichen Kirche für die Welt. Darum sehen Christ:innen nicht nur das Leiden und das Seufzen der Schöpfung, sondern erkennen im Licht der Liebe auch ihre Verheißung. Das Ziel der Schöpfung und das Ziel der Menschwerdung ist für den Apostel Paulus die Erlösung der Kreatur, das Reich Gottes, die Rückkehr in das Paradies. Das ist der Welt im Innern angelegt.

Um Gottes gute Schöpfung zu entdecken, zu sehen und in Worte zu fassen, braucht es den Menschen. Die Unterdrücker der Schöpfung und die, die die Natur ausbeuten und knechten, werden zu den Trägern der Offenbarung Gottes. An den Menschen soll sichtbar werden, was Gott mit seiner Welt im Sinn hat und welchem Ziel sie zusteuert. „Die Schöpfung wartet darauf, dass die Kinder Gottes offenbar werden", schreibt der Apostel. An mir soll nicht die Welt genesen, aber doch die Hoffnung zu erkennen sein, die Gott seiner Schöpfung eingeschrieben hat.

Das Hören auf die Seufzer und das Trauern mit den Traurigen führt die Sehnsucht nach Gott und einer besseren Welt stets mit sich. Die Liebe Gottes stellt uns mitten in die Welt, damit Christ:innen die leisen Töne der Hoffnung unter den Missklängen von Leid und Gewalt entdecken. Gott bleibt mit seiner Liebe bei den Menschen. Darum bleiben Christ:innen an der Seite der Zeitgenossen.

Um dieser Sehnsucht einen bleibenden Ort zu geben, braucht es Gemeinden. Sie sind solche Orte, an denen die Hoffnung lebendig ist. In ihnen teilen Menschen das Leben in all seinen Facetten. Hier helfen Menschen einander, das Leben und die Welt mit anderen Augen zu sehen. Sie entdecken die Sehnsucht nach Liebe und Bewahrung, nach Solidarität und Gemeinschaft. Sie vertrauen darauf, dass Gott sie nicht allein lassen wird.

Was kann uns scheiden von der Liebe Gottes?

Paulus antwortet selbst: „Denn ich bin gewiss, dass weder Tod noch Leben, weder Engel noch Mächte noch Gewalten, weder Gegenwärtiges noch Zukünftiges, weder Hohes noch Tiefes noch irgendeine andere Kreatur uns scheiden kann von der Liebe Gottes, die in Christus Jesus ist, unserem Herrn."

Thomas Schalla

Lied EG 351 Ist Gott für mich, so trete

Gebet
Gnädiger Gott,
von deiner Liebe leben wir.
Im Seufzen der Kreatur und im Lachen deiner Geschöpfe
sehen wir deiner Liebe entgegen.
Sie lebt im Kleinen und im Großen,
sie umfängt Geschundene und Glückliche,
sie hält uns an deiner Seite.

Bleibe bei uns, denn wir stehen am Rand.
Amen.

Monatsspruch für April

Christus ist gestorben und lebendig geworden, um Herr zu sein über Tote und Lebende.

Römer 14,9

Annäherungen an den Text

„Herr – über Tote und Lebende – also über alle Menschen“. Es klingt ja schon arg vollmundig, dieses Sätzchen. Mit Glaubens-Vollmundigkeit kann ich allerdings je länger, je weniger anfangen – und in diesen Krisenzeiten allzumal nicht.

Dabei hatte der inzwischen heilige Apostel Paulus eine irgendwie geartete Vollmundigkeit hier vermutlich keineswegs im Sinn. Großsprecherisches Glaubenspathos war sowieso nicht sein Ding. Es ist vielmehr die Rezeption (also die Aufnahme und Verarbeitung solcher Bibelverse), die aus solchen Texten ihr hochgejazztes Bild von der HERRschaft Gottes schuf:

Lobpreis des Herrschers im Gottesdienst und anderswo

Die Lobpreisgruppe in der Gemeinde zum Beispiel ist begeistert von diesem Text. Sie adaptiert ihn und sie besingt in ihrem begrenzten Vokabular „auf den Stufen vor seinem Thron“ ihren Herrn, der „König“ ist, der „der Stärkste“ ist, der „auf seinem Thron sitzt und die Welt regiert“, der „Herrscher all überall ist“, der der „King of Kings“ ist. Eben: Gott ist diesen Liedern zufolge der unbestrittene Herrscher der Welt, des Universums, der einzelnen Individuen – egal, ob diese tot oder lebendig sind, egal auch, ob sie Diktatoren und gewalttätige Lügner oder leidende und gefolterte Mitmenschen sind. Er hat sie „alle in seiner Hand" und zumindest ihre Haare auf dem Haupte gezählt.

Dabei habe ich gar nichts gegen das Lob Gottes und die Anbetung Jesu Christi. Gott gebührt alles Lob. Und ich verstehe sehr gut die religiöse und emotionale Funktion des Lobpreises. Und ich verstehe vor allem die tiefe Sehnsucht, die dahintersteckt: die Sehnsucht danach, dass in Zeiten, in denen sich (oft eher böse) Menschen zum Herren über Tote und Lebende aufschwingen, jemand da sein möchte, der nach wie vor der Herr über das ganze weltliche Gefüge bleibt. Jemand, dem das Geschehen nicht aus der Hand geraten ist und dem alle Einzelnen eben nicht egal sind und der sie schon gar nicht zu Bauernopfern in machtpolitischen Kalkülen oder endzeitlich-apokalyptischen Untergangsszenarien degradiert. Ich gestehe: Ich selber lebe mit dieser Sehnsucht auch.

Die Herrschaft Gottes im dogmatischen System – kurz, bündig und mit Theologenlatein angereichert

Die dogmatische Rezeption solcher Texte ist natürlich ungleich differenzierter. Aber von der altkirchlichen Theologie bis hin zu neuzeitlichen reformatorischen Glaubenslehren gehört es zum Kernbestand des christlichen Bekenntnisses: Der dreieinige Gott ist und bleibt der Herr der Welt und der Geschichte. Im Vokabular altprotestantischer Theologie: Er bewahrt die Welt (Conservatio), er lenkt die Welt (Gubernatio), er begrenzt das Böse (Determinatio) und führt sie zu ihrem Ziel im Reich Gottes (Directio). Und da er ausweislich der Botschaft und der Taten

Jesu Christi auch der „Vater im Himmel" für alle ist, wendet er sich in seiner Güte auch jedem Individuum zu – den Gerechten und den Ungerechten. Selbstverständlich gibt es genügend theologische Ansätze, die Gott anders deuten und sowohl seine persönliche Zuwendung als auch seine Herrschaft in Form dieser wohlklingenden lateinischen Begrifflichkeiten bestreiten oder theologisch umformatieren.

Aber ich gestehe auch hier, dass ich sogar angesichts der Realitäten dieser Welt immer noch eine tiefe Hoffnung darauf setze, dass die Welt nicht vollends aus den Fugen gerät. Meine Hoffnung bleibt, dass Gott nicht ohnmächtig ist angesichts der Verwirrungen und Fehlwege seiner Menschen, sondern dass er der „Herr über Raum und Zeit und der Geschichte" bleibt, auch wenn der Realitäts-Check derzeit anderes suggeriert.

Text und Kontext – Der Apostel Paulus

Paulus hatte, als er diesen Text verfasste, eigentlich anderes im Sinn als vollmundige Herrschaftsdeklarationen Gottes über das Weltgeschehen: Es ging ihm um die Christenmenschen und deren Leben und Sterben. Wenn er Christus als Herrn tituliert, dann geht es ihm um eine Grundrelation, nämlich um die Zugehörigkeit der Christen und Christinnen zum „Herrn", und eine daraus abgeleitete Relation, nämlich die Beziehungen der christlichen Geschwister untereinander.

Existenzorientierung – zu Christus gehörig

Paulus geht davon aus, dass jeder Christ und jede Christin „zum Herrn gehört", also in einer Existenzbeziehung mit ihm lebt. Sie alle „leben und sterben für den Herrn" (V. 7

und 8). Kurz und knapp führt er als Begründung an, was er andernorts ausführlicher entfaltet: Weil Christus für uns gestorben ist und weil er wieder zum Leben gekommen, also von den Toten auferweckt worden ist, ist er auch der Herr über Tote wie über Lebende.

Dahinter stecken fulminante theologische Gedankengebäude des Paulus, auf den Punkt gebracht in seiner Tauftheologie im 6. Kapitel des Römerbriefes: Wir sind durch die Taufe mit hineingenommen in seine Passion und seinen Tod – mit allen Folgen, die dies mit sich bringt, vor allem die Freiheit von der Sünde und die Rechtfertigung der gottlosen Sünder, sofern sie dies für sich annehmen. Und durch Jesu Christi Auferstehung von den Toten ruht auch auf allen Christenmenschen die Verheißung der Auferstehung und des „ewigen Lebens" – wir sind in Christi Auferweckungsleben mit einbezogen. Insofern leben und sterben wir in der Zugehörigkeit und in einer tiefen Lebensverbundenheit mit „dem Herrn" als einer Grundrelation christlichen Lebens. Glauben heißt, so spätere Formulierungen, eben im Leben und Sterben Gott in Christus zu vertrauen, als dem Herrn über Lebende und Tote. Darauf kommt es an.

Kreuz und Auferstehung sind nicht zu trennen

Dies alles gehört gewiss zum Grundbestand theologischen Basiswissens und ist insofern nicht neu. Allerdings ist für Paulus eines überhaupt nicht diskutierbar: Das eine ist ohne das andere nicht zu haben. Die Passion und der Tod Jesu Christi sind von seiner Auferstehung nicht zu trennen und umgekehrt.

Jegliche Theologie und jegliches „geistliche Gemeindeleben", das allein in der Herrlichkeit des schönen Lebens der Auferstehung sich sonnt, gerät in die Gefahr, Gott zum

Wellness-Beauftragten der Kirche zu stilisieren und Christus zum Oberkellner an einer reich gedeckten geistlichen Tafel zu degradieren. Paulus selbst hatte mit dergleichen Anwandlungen hypercharismatischer und geistlich wonnetrunkener Gemeindemitglieder genug Auseinandersetzungen zu führen; und wir haben in unserer kirchlichen Landschaft auch genug zu tun mit geistlichen Egomanen und ich-zentrierten Genießern des Glaubens – der heutigen Form einer *Theologia gloriae*. Gottes Schöpfung und die „Fülle des Lebens in Christus" zu goutieren und zu genießen, ist gut und recht. Aber das alles ist eben nicht zu haben ohne die Passion und das Kreuz Jesu Christi – und auch oft genug nicht ohne die „Passionen" des christlichen Lebens und ohne das (Mit-)Leiden an der Realität, der auch die Christenmenschen ausgesetzt sind.

Umgekehrt sind jeglicher Glaube und jegliche Theologie, die ohne die reale Auferstehung Jesu Christi auszukommen meinen, substanzlos und letztlich trostlos. Ein nachhaltig toter Jesus ist und bleibt tot. Der Herr über Lebende und Tote kann er schlechterdings nicht sein. Zu erwarten wäre von ihm nun nichts mehr – schon gar nicht etwas „Neues", wie es das angekündigte „Reich Gottes" verheißt.

Vertrauen können auf Gott im Leben und Sterben, das funktioniert zumindest in der christlichen Version von Glauben und Religion nur, wenn dieser Zusammenhang von Kreuzestod und Auferstehung Jesu Christi untrennbar erhalten bleibt.

Christen gehören zusammen – die Beziehungen untereinander

Im Grunde ist dies das übergreifende Thema des Kontextes unseres Verses: Wenn wir als Christenmenschen gemeinsam „dem Herrn gehören" und zwar über alle Grenzen hinweg – sogar über die Grenzen des Todes – dann ist es Paulus zufolge schlechterdings absurd, untereinander Grenzen zu installieren. Zumindest dann, wenn es um verhältnismäßig geringfügige Marginalien geht wie „die Benutzung unterschiedlicher Speisekarten und Kalender“ oder um unterschiedliche Frömmigkeitspraxen und Lebensstile. Was allen gemeinsam ist, ist eben die Zugehörigkeit zum Herrn. Und wer sich darauf einlässt und das ernst nimmt, wer also Christus den Gekreuzigten und Auferstandenen als Herrn akzeptiert, der oder die dürfen um Gottes willen – genauer: um Christi willen – keine falschen Grenzen ziehen oder einander geistlich verurteilen und den Glauben absprechen. Denkwürdig ist es ja schon: Diesen Erkenntnissen des Paulus stimmt (fast) jeder zu – und trotzdem gehören solche Grenzen und Verurteilungen gerne zur Alltagspraxis gemeindlichen Lebens ...

Zum Anfang dieses Textes zurück

Vollmundig – das alles? Für mich nicht: Paulus argumentiert konsequent theo-logisch. Seine Argumentation basiert allerdings zutiefst auf seinen biografischen Erfahrungen: Der gekreuzigte Jesus lebt. Er ist ihm erschienen – und also auferstanden von den Toten. Alles andere folgt daraus und ist Frucht seiner Denkbemühungen.

Allerdings gestehe ich, dass beim Nachspüren dieses paulinischen Versleins bei mir die Sehnsucht eher größer geworden ist: Nämlich die Sehnsucht danach, dass Christus nicht nur der Herr über die lebenden und toten Christenmenschen ist. Und dass sein Tun an dieser Welt mehr umfasst als Sünder zu rechtfertigen und Seelen aus der irdischen Verworfenheit zu retten.

Also: dass Jesus Christus der Herr bleibt über diese ganze Welt in ihrer Verworrenheit und Sündenverstrickung, aber auch in ihrer Schönheit als Schöpfung Gottes.

Ich habe meinen Glauben daran nicht verloren. Allerdings ist mir jegliche Vollmundigkeit abhandengekommen, und ich kann es nur mit theologischem Zittern und mit menschlichem Zagen bekennen: Ich vertraue darauf, dass Jesus Christus auch der Herr dieser ganzen Welt und ihrer Geschichte bleibt!

Michael Freitag

Lied EG 576 Meine Hoffnung und meine Freude

Gebet

Wir bitten Dich dreieiniger Gott,
Vater, Sohn und Heiliger Geist,
dass Dein Wille geschehe wie im Himmel so auch auf Erden!
Wir bitten Dich, dass Du Deine Verheißungen wahrmachst
und uns Leben gibst in Deiner Neuen Welt
nach dem Ende aller irdischen Zeiten.
Wir bitten Dich dreieiniger Gott, Vater, Sohn
und Heiliger Geist: Dein Reich komme!
Wir bitten Dich, dass Du diese Welt
mit ihren menschlichen Verwirrungen
nicht sich selbst überlässt,
sondern trotz alledem die Welt bewahrst
und die Zeiten lenkst.
Wir bitten Dich, dass Du das Böse begrenzt
und Menschen auf Irrwegen zur Umkehr bringst.
Wir bitten Dich dreieiniger Gott, Vater, Sohn und Heiliger Geist,
dass Dein Wille geschehe wie im Himmel so auch auf Erden!
Wir danken Dir, dass Du unser heiliger, herrlicher
und liebevoller Gott bist und zu uns stehst.
Denn Dein ist die Herrschaft und die Herrlichkeit
hier und bis in Ewigkeit. Amen.

Monatsspruch für Mai

Weigere dich nicht, dem Bedürftigen Gutes zu tun, wenn deine Hand es vermag.

Sprüche 3,27

Was für ein Spruch aus den Sprüchen! Er macht die Nächstenliebe ganz praktisch – und ist zugleich sehr allgemein und als grundlegende Richtschnur gehalten. Viel mehr als nur die Handlungsanweisung in einer ganz konkreten Situation wird uns vor Augen gestellt, wie eine Kultur der Liebe zum Mitmenschen aussieht. Und das wird uns geraten:

(Nicht) versagen

„Weigere Dich nicht" – wortwörtlich: „Nicht versagen sollst Du." Zunächst zu dieser doppelten Verneinung. Wenn wir etwas ganz besonders intensiv ausdrücken wollen, dann benennen wir es doppelt negativ. Ein Beispiel aus der schwäbischen Lob-Kultur. Ein ganz hervorragendes Essen hat „nicht schlecht" geschmeckt. Im Vergleich dazu bleibt das Lob „gut geschmeckt" weit zurück. Oder wenn jemand etwas richtig gut kann, dann sagt der Schwabe: „Ich habe immer gedacht, Du beherrschst das nicht, aber jetzt beginne ich an meinem Urteil zu zweifeln ..." Scherz beiseite ... Wir tun uns manchmal schwer, unbeschwert zu würdigen und zu loben, aber die Bibel in ihrer Ursprache hat das zu einem Stilmittel gemacht. Doppelt negativ meint vielfach positiv!

Klar, dass wir in der Nächstenliebe versagen, kommt rauf und runter vor. Die Urgeschichte für dieses Versagen in der Nächstenliebe finden wir in Lukas 10. Da fällt einer vom Weg von Jerusalem nach Jericho unter die Räuber, wird schwer verletzt. Und jetzt versagen zwei. Priester und Levit wandern auch denselben Weg, und sie wechseln die Straßenseite, um nicht helfen zu müssen. Das heißt doch, dass unser Versagen darin liegt: es ist völlig klar, was zu tun ist, und wir tun es nicht. Bevor wir also die Nächstenliebe in den Sprüchen als eine Überforderung für uns ansehen, machen wir uns doch klar: es geht um das eigentlich Selbstverständliche. Wir müssen die Nächstenliebe nicht neu erfinden, sondern einfach tun, was uns vor die Füße gelegt ist. Dahin zielt auch der Appell: „Weigere Dich nicht." Im Gesangbuch-Lied (EG 419) formulieren es Gustav Lohmann und Markus Jenny so: „Hilf, Herr meiner Tage, dass ich nicht zur Plage, dass ich nicht zur Plage meinem Nächsten bin." Genau die gleiche Tonart. Du musst nicht Unfassbares, Heldenhaftes leisten, sondern verhalte Dich so, dass Du nicht versagst. Und wenn Du versagst, dann bitte Gott, dass ER Dir Kraft gibt, nicht andere mit dem, was ich an Nächstenliebe schenke, zu plagen.

Übrigens: sehr interessant, dass jede und jeder von uns hier direkt angesprochen wird: „Weigere Dich nicht!" Typisch für die Sprüche, dass sie die Weisheit direkt anraten und vermitteln. Weisheit bedeutet dabei nicht allein die Fähigkeit, Gottes Gedanken und Pläne nachzudenken, sondern es geht darum, in einer ganzheitlichen Zugangsart das Wesen Gottes direkt in praktischer Weisheit in Denken, Reden und Tun umzusetzen.

Vergüten

„Dem Bedürftigen Gutes zu tun“ – wortwörtlich: „Gutes seinen Besitzenden, Gutes denen, denen es gebührt“. So weit, so gut. Unser Monatsspruch konzentriert sich jetzt auf das, was zu tun ist. Nämlich denen Gutes zu tun, die es brauchen.

Zunächst einmal fällt auf, was für ein weiter Raum damit eröffnet wird. Einfach „Gutes“ tun, genauer wird das gar nicht benannt. Was aber ist gut? Zunächst einmal das, was Gott schafft. Im ersten Mosebuch, im ersten Kapitel resümiert jeder Schöpfungstag refrainartig: „und Gott sah, dass es gut war.“ Was Gott schafft, das ist gut. Noch mehr, es ist Gott zugehörig. So antwortet Jesus auf den Fragenden, der ihn als „Guter Meister“ anredet: „Was nennst Du mich gut? Niemand ist gut als Gott allein“ (Lukas 18,19). Wir haben dieses Prädikat ein gutes Stück verloren. Wir nennen alles Mögliche schon gut, was diese Gottes- und Schöpfungsdimension gar nicht erreicht. Wir haben auf das Wort „gut“ und auf das, was gut ist, einen Rabatt gegeben, der denen, die das Gute von uns gegeben brauchen, nicht gerecht wird. Und auf der anderen Seite haben wir das Gute auf Bereiche übertragen, die dem gar nicht entsprechen. So reden wir von „Vergütung“ und meinen Geld, obwohl wir doch wissen, dass Geld an sich weder gut noch schlecht ist, sondern eine wichtige Notwendigkeit, in die hinein dann aber erst das „Gute“ geschenkt wird. Gut kommt in diesem Sinne nicht von Geld-Vergütung, sondern von der Vergütung der Güte.

So werden wir aufgerufen, Güte zu vergüten. Das ist die Währung der Nächstenliebe. Und was für eine wertvolle Währung. Wer bekommt sie, diese Güte? Die, welche der Güte bedürftig sind. Und wer ist das? Alle. Jede und jeder. Niemand bräuchte Güte nicht. Sprüche 3 erzählt davon auf eine hochinteressante Art. Zeige Gutes „seinen Besitzenden“. Denen, welche das Gute besitzen. Wir zeigen in der Nächstenliebe eigentlich nur das, was dieser Mensch uns Gegenüber längst an Wert und Würde durch Gott hat. Denn jede und jeder ist Gottes Ebenbild und in diesem Sinne gewollt und geschaffen und gewürdigt mit Gutem und mit Güte. Wann immer wir einem „Bedürftigen“ Gutes tun, dann nicht so, dass damit überhaupt erst das Gute zu ihm neu käme, sondern so: der unendlich gütige Gott hat jede und jeden meiner Nächsten mit seiner Güte beschenkt und begabt – und diese zeige ich ihr und ihm nun ganz praktisch. Ich stelle nicht die Güte her, ich bestätige sie. Sie ist schon da.

Und dann gibt es soooo viel Gutes zu tun: „Liebe, Freude, Friede, Geduld, Freundlichkeit, Güte, Treue, Sanftmut, Selbstbeherrschung“ (Galater 5,22 und 23). Das ganze Feld der guten Taten und Haltungen steht offen – und der Kreativität sind keine Grenzen gesetzt.

Vermögen

„Wenn deine Hand es vermag“ – wortwörtlich: „wie es in der Macht Deiner Hände ist“. In unsere Hände ist Vermögen gelegt. Auch hier wieder, wohlgemerkt, nicht das, was unsere Gesellschaft mit ihrer zu starken Fokussierung auf das Geld gemacht hat. Vermögend ist nicht der materiell Reiche, sondern diejenige, die vieles kann. Die in ihren Händen Macht hat. Macht ist dabei durchgehend positiv gemeint, es geht um Kraft und Können.

Sprüche 3 ruft also zur Nächstenliebe mit verschiedenen Motivationsschüben auf. Zum ersten: Du kannst etwas. Jede und jeder von uns kann helfen und tun, die eine so, der andere so. Zum zweiten: Alles hat eine Grenze. Wenn Deine Hand es vermag, dann hilf. Wir selber wissen, dass es bei tausend ungelösten Menschenproblemen keine schnelle Lösung gibt, sondern wir kommen uns vor wie hilflose Helfende. Das darf sein. Wir können nicht alles. Gott kann alles, wir können nur in unserem Teil Sorge tragen, dass wir helfen. Nächstenliebe lebt geradezu davon, dass ich mich nicht komplett für andere aufopfere und aufgebe. Deshalb heißt es ja: „Liebe Deinen Nächsten wie Dich selbst." Gutes Vermögen schaut auch auf die eigenen Kräfte und Ressourcen. Und der dritte Motivationsgrund: Es ist Kraft, Macht. Wir können oft mehr, als wir denken. Unsere Hand kann so viel: zupacken, halten, Hände reichen, waschen, schützen, tragen und vieles, vieles mehr. Trauen wir diesen Händen mehr zu – und packen wir einfach an.

„Ich vermag alles durch den, der mich mächtig macht" (Philipper 4,13). So benennt Paulus dieses Vermögen. Und die Einblicke, die er dazu ganz praktisch gibt, beeindrucken und überraschen. Denn mit dieser Macht ist kein Heldentum verbunden. Paulus hat „... gelernt, mir genügen zu lassen, wie's mir auch geht. Ich kann niedrig sein und kann hoch sein; mir ist alles und jedes vertraut: beides, satt sein und hungern, beides, Überfluss haben und Mangel leiden" (Philipper 4,11.12). Damit wird ein Vermögen benannt, eine Macht und Kraft, die uns ungeheuer entlastet, weil sie auch den Mangel und das Hungern und das Wenigkönnen benennt. Auch das ist in der Nächstenliebe: ein Können, nämlich sich einzugestehen, was ich nicht kann.

Am Ende bleibt alles in allem der Gott, der uns seine Kraft gibt, der uns zur Nächstenliebe beauftragt und der uns dafür mit aller Kraft, mit Güte und mit aller Einsicht in Selbstbegrenzung ausstattet. Wer so den Nächsten liebt, der liebt wohl.

Was für ein Spruch aus den Sprüchen! Er macht die Nächstenliebe ganz allgemein wichtig und zugleich ganz praktisch attraktiv – und ist damit hervorragend geeignet, ausprobiert und eingeübt zu werden. Nicht versagen, sondern: vergüten und vermögen. Viel Kraft dafür, viel Freude dabei!

Ralf Albrecht

Lied EG 419 Hilf, Herr meines Lebens

Gebet

Herr Jesus Christus.
Du bist unser Nächster.
Du bist ans Kreuz gegangen,
um unsere tödlichen Wunden zu heilen.
Du bist auferstanden,
damit in unserem Leben der Tod nie das letzte Wort hat.
Danke dafür.

Herr Jesus Christus.
Du weist uns zu unserem Nächsten.
Vergib, dass wir genau wissen, wie nahe er uns ist,
und doch so oft an ihm vorbeigehen.
Hilf, dass wir ihn nicht nur sehen, sondern auch helfen,
wie Du es willst: in Nachbarschaft und Familie,
beim Selbstverständlichen und bei dem,
was wir nur zwischen den Zeilen lesen können.

Herr Jesus Christus.
Du lässt uns selbst zum Nächsten werden.
Wir bitten Dich für alle, die den Eindruck haben,
keinen Nächsten zu haben: in Einsamkeit, Trauer und Sucht.
In Krieg und Katastrophen. In Armut, Ungerechtigkeit und Leid.
Mach uns zum Nächsten. Gib allen Nächste,
die ihnen helfen und sie zu Dir weisen.
Gib, dass unsere Hand tut, was sie zu tun vermag. Amen.

Gott gebe dir vom Tau des Himmels und vom Fett der Erde und Korn und Wein die Fülle.

Genesis 27,28

Der erschlichene Segen

Ein Segenswort: „Gott gebe dir vom Tau des Himmels und vom Fett der Erde und Korn und Wein die Fülle." Es zeichnet ein Bild der Fülle und des Wohlstandes und der gesegneten Schöpfung. Möge es so sein, ja und Amen!

Ich denke über diesen Segen in Zeiten zerbrechender Sicherheiten nach. Mich treibt die Frage um: Leben wir in Europa mit einem erschlichenen Segen? Die weltweiten Verbindungen und Abhängigkeiten in der Ernährungskette sind gefährdet: die Getreidefelder der Ukraine, die die Menschen in Afrika ernähren; die Gaslieferungen, die weltweit Versorgung garantiert haben. Das, was uns in Europa so selbstverständlich und fraglos gegeben scheint, die Fülle der Versorgung mit dem Lebensnotwendigen, hängt von Anderen und ihrem Wohlergehen ab und von Voraussetzungen, die bedroht sind durch Krieg, Klimawandel und Katastrophen; durch ungerechte Verteilung der Güter. Die Fülle ist nicht selbstverständlich.

Wem wird dieser Segen zugesprochen?

Die Verheißung der Fülle wird Jakob zugesprochen, dem Sohn des Isaaks und der Rebekka, dem Bruder Esaus. Erinnern wir uns:

Alles beginnt mit der Geburt der Zwillinge Jakob und Esau und mit der Frage, wer der Erste ist. Das kennt man: Das Vergleichen fängt früh an. Leichtsinnig und ohne Wertschätzung überlässt Esau dem Jakob sein Erstgeburtsrecht. Für ein Linsengericht. Ohne Weitblick gibt Esau seinen unmittelbaren Bedürfnissen, seiner Müdigkeit, seinem Hunger, seiner Gier, seinem Leben in den Tag hinein nach und tauscht – die biblische Erzählung nennt es: „verkauft"– sein Erstgeburtsrecht, er „verachtet" es (Genesis 25,29–34).

So geht es weiter. Jakob erschleicht sich auch noch den Segen des alten Isaak, der Monatsspruch zitiert einen Teil daraus. Er muss sich dazu, unterstützt von seiner Mutter Rebekka, Lüge um Lüge durchschlängeln, sich als seinen Bruder Esau ausgeben, als der, der er nicht ist, sich verkleiden und sich verbergen. Es gelingt: Der Vater segnet ihn mit dem Segen, der dem Erstgeborenen gilt.

Welche Kraft hat ein Segenswort?

In der biblischen Vorstellung ist ein Segenswort wirkmächtig, es hat Kraft, Wirklichkeit zu schaffen. Wie bemerkenswert darum, dass Jakob trotz dieses wirkmächtigen Segenswortes, das er sich erschleicht, die nächsten zwanzig Jahre alles andere als gesegnet und vom Glück überschüttet erscheint. Denn ab der Sache mit dem ergaunerten Erstgeburtsrecht und Vatersegen ist Jakob auf der Flucht.

Jakob schlägt sich durch und landet schließlich bei seinem Onkel Laban. Dort trifft er die beiden Frauen, die ihm zum Schicksal werden: Lea und Rahel. Rahel liebt er, und er dient um sie, sieben Jahre lang. In der Hochzeitsnacht ist es aber Lea, die ihm angetraut wird. Lea, die, in deren Augen er keinen Glanz findet. Sie muss er heiraten. Das wollte er nicht. – Sieht so einer aus, der den Vatersegen im Gepäck hat? Sieben Jahre umsonst geschuftet und sich Hinhalten-Lassen? Aber Jakob gibt nicht auf: Noch einmal sieben Jahre verbringt er in Labans Sippe, ordnet sich unter, hütet dessen Vieh. Dann endlich kann er auch Rahel heiraten, die, die er liebt. Jetzt könnte alles gut werden.

Aber: Das mit der Nachkommenschaft läuft nicht so, wie er es sich gedacht hat. Von Lea hat er Kinder, Rahel aber erfährt verzweifelt: Ihr und Jakob bleibt der Kindersegen verwehrt. Die beiden Frauen beginnen einen Wettstreit um das Kindergebären. Die Konkurrenz der beiden Schwestern um den Mann und um ihre eigene Stellung in der Familie misst sich am Kinderreichtum. Wer ist die Bessere, die Produktivere? Sie bringen ihre Mägde ins Spiel, machen sie zu Leihmüttern. Der Kindersegen wird reichlich über sie gebreitet. Zwölf Söhne und eine Tochter werden genannt. Jakobs Familie wird groß. Endlich wird der Segen Gottes spürbar in seinem Leben: Der Segen zeigt sich in den Kindern, so kennt es die biblische und antike Tradition. Sie sind die Zukunft, Garanten für das Morgen (Genesis 29).

Der Segen braucht Versöhnung

Aber die Freude Jakobs ist nicht ungetrübt. Er ist immer noch nicht im Reinen mit sich, das Gefühl nagt an ihm: Irgendetwas stimmt noch nicht, es bleibt noch etwas zu tun: die Versöhnung mit seinem Bruder. Sein Entschluss wächst: Er will zurück zu seinen Wurzeln, zurück zum Segen des Vaters, den er sich einst ergaunert hatte. Erneut greift er zur List und nimmt sich von Laban, was er meint verdient zu haben: Tiere, Knechte, Mägde, Zelte. Und bricht auf mit seiner Familie. Wieder ist er auf der Flucht, dieses Mal vor Laban.

Doch dieses Mal geht es anders aus. Sein Leben hat sich gewendet: Jakob lässt sich von Laban einholen und macht reinen Tisch. Mit einem Vertrag und einem Friedensmahl wird die Trennung der Sippe Jakobs von der Sippe Labans vor Gott besiegelt. So kann er mit seiner Familie weiter gehen, die Sache ist geklärt, die Trennung geschieht im Frieden. Beide kommen zu ihrem Recht (Genesis 31).

Der Weg zurück zu seinen Anfängen ist von Furcht begleitet. Am Ende erwartet ihn der betrogene Bruder. Was wird geschehen? Die Bibel erzählt von Jakobs Angst, und dass er weiß, dass er sich mit seinem Friedensangebot dem Bruder ausliefert. Als er sich dem Gebiet seiner Familie nähert, schickt Jakob Viehherde um Viehherde voraus, als Geschenke für den Bruder Esau, um ihn versöhnlich zu stimmen, um ihm Zeichen seines Umkehrwillens zu geben. Nach einem halben Leben in der Fremde gibt Jakob den erschlichenen Segen Stück um Stück zurück, um ihn sich nun wirklich zu erringen.

In der Nacht vor der entscheidenden Begegnung erlebt Jakob etwas, das uns im Hören fremd und rätselhaft erscheint: Am Fluss Jabbok kämpft er mit einem Mann, der sich ihm nicht zu erkennen gibt. Jakob ringt mit ihm und lässt nicht los. Er hält stand. Er sagt diesem Mann: „Ich lasse dich nicht, du segnest mich denn“ (Genesis 32,27). Die ganze Nacht dauert der Kampf. Erst im Morgengrauen segnet dieser ihn. Jakob erkennt: Er hat wie mit Gott gekämpft. Dieser Kampf hinterlässt Spuren: Jakob hinkt.

Aber er geht aufrecht weiter. Und er wird einen neuen Namen bekommen: Israel. Das heißt: Gotteskämpfer.

In der Morgendämmerung, als die Sonne aufgeht, erfüllt sich nach einer halben Generation die Verheißung, die Jakob einst auf seiner Flucht bekommen hatte – dass Gott ihn im Frieden wieder heimbringen werde.

Der Segen wird neu geschenkt

Am Anfang der Flucht Jakobs aus seinem Vaterhaus, aus dem er den Segen mitnimmt, steht ein Traum: der Traum von der Himmelsleiter (Genesis 28,10-22). Er erfährt das Wunder: Gott segnet ihn dennoch und abermals, in all seinen verkehrten Entscheidungen und Umwegen.

In diesem Traum hört er, dass durch ihn andere gesegnet werden sollen, „alle Geschlechter auf Erden“ (Genesis 28,13). Er bekommt den Segen erneut zugesprochen, von Gott selbst. Engel, Boten Gottes, steigen auf einer Himmelsleiter hinauf und hinunter. Sie steigen hinauf, dann hinunter. – Warum steigen sie zuerst von unten hinauf, müsste es nicht umgekehrt sein? Die Antwort: Sie waren unerkannt mit auf Jakobs Weg gewesen. Die jüdische Tradition deutet es so (Ber. Rabba 68,12): Die, die Jakob begleitet haben, die Engel der Heimat, steigen hinauf in den Himmel, die Engel der Fremde steigen zu ihm hinunter, um mit ihm weiterzugehen. Welch schöner Gedanke! Es wird nicht übertüncht: Das, was vor Jakob liegt, braucht anderes Geleit als das, was ihm bisher zuteilwurde. Aber es wird tröstend gesagt: Auch jetzt gehen die Engel Gottes mit ihm.

Es hat Konsequenzen, wenn Menschen mit Gott in ihren Träumen und in ihrem Leben rechnen: Die Gebote Gottes kommen ins Spiel, sie wollen gelebt werden. Die Orientierung an Gottes Willen für seine Geschöpfe und die Welt braucht ganz konkrete Taten und Worte. Glaube ist nicht nur etwas für fromme erhabene Stunden, nicht nur etwas für leichte Höhenflüge. Glaube wird im erdenschweren Alltag gelebt.

Im Traum redet Gott selbst mit Jakob. Es wird erzählt: Gott steht oben, am Ende dieser Himmelstreppe. Dass Gott da oben steht, in all diesem Auf und Ab, in all dieser Bewegung, das gibt Halt, das zeigt ein Gegenüber, das Orientierung bietet und feststeht und nicht wankt. Dieser Gott ist Jakobs Schutz und Heil und sagt: Ich bin mit dir. Ich will dich nicht verlassen. Diese Zusage stellt auch Jakob wieder auf festen Boden. Er kann leichteren Herzens weiter gehen. Er kann dem begegnen, was ihn erwartet, was wirklich ist und bewältigt werden muss. Er hat gehört: Gott ist mit mir und verlässt mich nicht. Wenn er zu Gott ruft, dann spricht Gott zu ihm. Gott ist in seinem Leben.

Zwanzig Jahre später mündet die Geschichte des ergaunerten Vatersegens in die Begegnung Jakobs mit dem Engel Gottes am Jabbok, dem Grenzfluss zwischen der Fremde und der Heimat. Da erlebt Jakob, dass er im Frieden wieder heimkehren kann. Hinkend: gezeichnet und berührt, von dem, was er auf seinem zurückliegenden Weg erlebt hat. Aber: gesegnet.

Was braucht es, damit Jakob, damit Menschen die Augen aufgehen und sehen, dass sie Gottes Gegenwart in ihrem Leben erkennen? Damit sie erkennen: Gesegnete gehen die Augen auf für neue Wege. Gesegnete teilen die Fülle, die verheißen ist. Gesegnete suchen Versöhnung und Frieden. Gesegnete öffnen die Hände und geben Zukunft weiter, für sich und für Andere: „Gott gebe dir vom Tau des Himmels und vom Fett der Erde und Korn und Wein die Fülle“ (Genesis 28,27).

Monika Renninger

Lied EG 302 Du, meine Seele singe

Gebet

Segne unser Leben, Gott.
Segne uns mit Wohlergehen und Fülle.
Segne unser Handeln,
dass wir in Gerechtigkeit und Frieden leben können.
Segne unsere Worte,
dass sie Versöhnung stiften und anderen beistehen.
Segne uns mit Mut und Zuversicht,
dass wir standhalten, wo deine Welt bedroht ist.
Segne uns in den hellen und dunklen Tagen
unseres Lebens.
Amen.

Monatsspruch für Juli

**Jesus Christus spricht:
Liebt eure Feinde
und betet für die,
die euch verfolgen,
damit ihr Kinder
eures Vaters im
Himmel werdet.**

Matthäus 5,44–45

Wie du mir, so ich dir

„Liebt eure Feinde, das geht doch gar nicht.“ Ich sehe die Jugendliche aus dem Jugendkreis noch vor mir, wie sie reagiert hat, als wir über Jesu Gebot der Feindesliebe sprachen. „Wenn mir einer komisch kommt, dann kriegt er es zurück“, erklärte das Mädchen überzeugt. „Ich lass mir doch nichts gefallen.“ Wie du mir, so ich dir. Wenn dich jemand ärgert, dann wehr dich, so wird es oft schon kleinen Kindern beigebracht. Wie du mir, so ich dir, Auge um Auge, Zahn um Zahn. Ja, so funktioniert unsere Welt. Gleiches soll mit gleichem vergolten werden. Nur dass wir Menschen oft genug gar nicht Gleiches mit Gleichem vergelten, sondern immer noch eins drauf setzen, so dass ein Streit eskaliert.

Da war das biblische Gebot „Auge um Auge, Zahn um Zahn“ schon eine heilsame Begrenzung der Gewalt. Ein Schaden wird beglichen, um Recht wieder herzustellen. Es ging um Wiedergutmachung und nicht um Vergeltung. Gleichstand. Wie du mir, so ich dir. Damit könnten wir doch gut leben, oder?

Eine hohe Messlatte

Doch für Jesus ist dieses Gebot, einen gerechten Ausgleich zu schaffen, nicht der letztgültige Maßstab.

Ich *aber* sage euch, so leitet Jesus seine Worte ein: „Liebt eure Feinde und betet für die, die euch verfolgen, damit ihr Kinder eures Vaters im Himmel werdet."

Für Jesus ist der Grundsatz „Wie du mir, so ich dir" nicht genug. Dass man seinen Freunden Gutes tut, ist nichts Besonderes. Darauf verweist Jesus seine Zuhörer in den Worten, die sich zwei Verse später finden.

„Denn wenn ihr nur die liebt, die euch auch lieben: Welchen Lohn erwartet ihr da von Gott? Verhalten sich die Zolleinnehmer nicht genauso? Und wenn ihr nur eure Geschwister grüßt: Was tut ihr da Besonderes? Verhalten sich die Heiden nicht genauso?" (Matthäus 5,46.47, Basisbibel).

Für Menschen, die Jesus nachfolgen wollen, steckt Jesus eine andere Messlatte. Ich aber sage euch: „Liebt eure Feinde."

Drei Worte, die es in sich haben. Wie meint Jesus das? Seine Worte erscheinen wie eine unmögliche Zumutung. Wie soll ich jemanden lieben, der mir schaden möchte oder schon geschadet hat? Ist Jesus weltfremd, einer, der nicht weiß, wie es in unserer Welt zugehen kann und zugeht? Ist Jesus naiv, wenn er so etwas sagt: Liebt eure Feinde?

Wer sind meine Feinde?

Liebt eure Feinde. Um wen geht es da eigentlich? Im Grunde möchten wahrscheinlich die allermeisten mit ihren Mitmenschen gut auskommen. Wir bemühen uns, einander mit Respekt und gegenseitiger Achtung zu begegnen.

Ich – für mich gesprochen – habe keine erklärten „Feinde". Aber vermutlich kennen wir Menschen, mit denen wir uns schwer tun, bei denen wir uns in Hab-Acht-Stellung begeben, wenn wir sie sehen.

Wer sind meine Feinde? Wenige Tage bevor ich diese Andacht schreibe, hat der Angriffskrieg Russlands gegen die Ukraine begonnen. Täglich erreichen uns neue Nachrichten aus den Kriegsgebieten. Und ich höre dieses Wort von der Feindesliebe noch einmal ganz anders. Ich stelle mir vor, wie es den Menschen in den ukrainischen Städten geht, die erleben, wie ihre Häuser von den Feinden beschossen werden. Grausam zerstört der Krieg Leben, lässt ein Land in Trümmern versinken und zwingt Menschen, unter schlimmsten Umständen zu fliehen. Und viele haben auch hierzulande Angst, weil sie sich fragen, zu was der russische Präsident noch alles fähig ist, wie weit er gehen wird.

„Die Welt ist eine andere geworden, seit dieser Krieg gegen die Ukraine begonnen hat", so hört man es aus dem Mund mancher Politiker. Aber wahrscheinlich müsste man sagen: Uns wird einmal mehr bewusst, wie unsere Welt schon immer war: eine Welt, in der das Böse eine Macht hat, in der es „Feinde" gibt. Dass äußerer Frieden herrscht, wie wir es in Europa seit dem Ende des Zweiten Weltkriegs erfahren durften, ist ganz und gar nicht selbstverständlich.

Wie unsere Welt tickt

Auch in der Bibel finden wir einen sehr realistischen Blick auf die Verhältnisse unserer Welt. Da wird nichts beschönigt oder weichgezeichnet. Ja, die Welt ist Gottes gute Schöpfung, aber sie ist auch eine gefallene Welt, eine Welt, die sich von ihrem Schöpfer abgewandt hat, eine Welt, durch die sich ein Riss zieht, weil wir uns losgerissen haben von Gott. Das nennt die Bibel Sünde, dass unsere Beziehung zu Gott zerrissen ist und dass sich dieser Riss auch durch unsere zwischenmenschlichen Beziehungen zieht. Das Streiten muss man uns Menschen interessanterweise nicht beibringen. Selbst von den Jüngern Jesu wird berichtet, dass sie sich streiten. Es geht ihnen darum, wer einmal im Himmel den besseren Platz bekommt. Woraufhin Jesus seinen Jüngern antwortet: „Ihr wisst: Die Herrscher der Völker unterdrücken die Menschen, über die sie herrschen. Und die Machthaber missbrauchen ihre Macht. Aber bei euch darf das nicht so sein: Sondern wer von euch groß sein will, soll den anderen dienen" (Matthäus 20,25.26).

Jesus weiß um die Machtverhältnisse dieser Welt, er weiß um die Feindschaft zwischen Menschen und Völkern. Und gleichzeitig entwirft er ein Gegenbild: „Bei euch, die ihr mir nachfolgt und meine Jünger seid, da soll es anders zugehen." Groß ist nicht, wer andere klein macht. Wer groß sein will, der soll den anderen dienen. So beginnt ein neues Miteinander. So kann Feindschaft aufgebrochen und überwunden werden.

Gelebte Feindesliebe

Jesus hat nicht nur von Feindesliebe gesprochen und sie von seinen Jüngern gefordert. Er war es, der vorgelebt hat, was Feindesliebe heißt.

Beim letzten Abendmahl mit seinen Jüngern sitzt der Verräter mit am Tisch. „Mein Blut wird vergossen werden zur Vergebung der Sünden." Das spricht Jesus auch Judas, dem Verräter, zu. Und auch als Jesus kurz darauf von seinen Feinden gefangen genommen wird, geht er diesen Weg ins Leiden, ohne sich zu wehren. Nicht weil er es nicht könnte, nicht weil er nicht die Macht dazu hätte, sondern weil er den Weg der Liebe bis zu Ende geht. Der Weg ans Kreuz ist der Weg der Feindesliebe. Jesus nimmt dieses Leiden auf sich, er lässt sich verspotten und schlagen und stirbt diesen grausamen Tod letztlich deshalb, um alle Feindschaft ans Kreuz zu bringen. Um die Feindschaft zu töten, wie es der Epheserbrief schreibt (vgl. Epheser 2,16). Um der Feindschaft ein Ende zu setzen, dafür ist Jesus am Kreuz gestorben. An diesem Kreuz ist Platz für uns, mit all den Rissen und Verletzungen unseres Lebens, mit all dem, wo vielleicht auch wir anderen zu Feinden geworden sind. Am Kreuz ist Platz für uns mit unserer Sehnsucht nach Frieden und Versöhnung.

Wenn Jesus unser Herz bewegt

„Liebt eure Feinde", sagt Jesus. Und das ist allemal leichter gesagt als getan. Weil wir zwar mit dem Kopf verstehen, dass Frieden nur möglich ist, wenn wir nicht am Hass festhalten. Aber mit dem Herzen können wir vielleicht nicht vergeben, weil wir so verletzt und verbittert sind.

Unsere Feinde zu lieben, das vermögen wir nicht aus eigener Kraft. Aber wenn uns Jesu Liebe berührt und Gottes Geist in uns wirkt, dann kann dieses Wunder geschehen.

Es war am Karfreitag 1923: In einem Bergbauort im Ruhrgebiet wird Gottesdienst gefeiert. Nach dem Ersten Weltkrieg ist das Ruhrgebiet noch besetzt von französischen Truppen. Etienne Bach ist Offizier der französischen Armee. An diesem Karfreitag besucht er den deutschen Gottesdienst in der Stadt Datteln. Als er die Kirche betritt, ist es schon zu spät. Jetzt kann er nicht mehr zurück. Alle blicken auf ihn. Den Feind, den französischen Besatzer. Es wird Abendmahl gefeiert. Und dann steht dieser französische Offizier am Abendmahlstisch. Und neben ihm steht der Bürgermeister des Ortes, Karl Wille. Zwei erbitterte Gegner. Feinde, die tagtäglich miteinander neu im Konflikt sind. Es wird erzählt, dass dem Pfarrer die Hand gezittert habe, als er beiden das Abendmahl reichte. Nach dem Abendmahl drehen sich beide um. Sie wollen an ihren Platz zurückgehen, doch sie bleiben stehen, sehen sich an und reichen sich die Hände. Später sagt Etienne Bach: „Ich habe verstanden, dass die Macht Christi von einem Menschen alles verlangen kann. Von jenem Tage an herrschte Frieden zwischen uns, und die ganze Stadt hat es spüren können."

Haltung prägt Handlung

„Liebt eure Feinde und betet für die, die euch verfolgen", so sagt es Jesus. Das meint nicht, dass wir unsere Feinde sympathisch finden müssten. Es geht auch nicht um eine „Pseudo-Harmonie", bei der die Konflikte unter den Teppich gekehrt werden. Es geht vielmehr um eine innere Haltung. Das zeigt der zweite Satz, den Jesus sagt: „Betet für die, die euch verfolgen." Wer betet, der nimmt eine andere Haltung ein. Er öffnet sich für Gott. Wer anfängt, für seine Feinde zu beten, tut den ersten kleinen Schritt auf den anderen zu. Wer *für* die Feinde betet, hört auf, *gegen* sie zu sein. Und es ist zumindest ein Versuch, den Feind, samt dem eigenen Hass und der Verbitterung Gott zu überlassen

„Betet für eure Feinde." Dies zu leben, ist eine Herausforderung. Konflikte und Feindschaft lösen sich dadurch nicht mit einem Mal auf. Aber es ist ein Anfang, der Anfang zum Frieden.

Sonja Kuttler

Lied EG 430 Gib Frieden, Herr, gib Frieden

Gebet

Jesus Christus,
lass mich Liebe lernen von dir,
Liebe, die im anderen nicht den Feind sieht,
sondern den Menschen, der von dir geliebt ist.
Lass mich Liebe lernen von dir,
Liebe, die den anderen nicht auf seine Schuld festlegt,
sondern bereit ist, zu vergeben.
Lass mich Liebe lernen von dir,
Liebe, die nicht aus mir selbst kommt,
sondern die ich mir nur schenken lassen kann,
weil du uns geliebt hast.
Amen.

Impuls

Nur aus dem Frieden von zweien und dreien kann der große Friede einmal erwachsen, auf den wir hoffen.

Dietrich Bonhoeffer

Monatsspruch für August

Du bist mein Helfer, und unter dem Schatten deiner Flügel frohlocke ich.

Psalm 63,8

König David ist auf der Flucht. Wir haben keinen Beleg dafür, aber die meisten Ausleger neigen dazu, Psalm 63 mit der Flucht vor seinem Sohn Absalom in Verbindung zu bringen. Die Geschichte dazu findet sich in 2. Samuel 15–19 und sie wirft ein besonderes Bild auf den Psalm und diesen Vers.

Was war geschehen? Absalom hatte vorgegeben in Hebron ein Gelübde erfüllen zu wollen und sich so von seinem Vater verabschiedet. In Wahrheit plante er einen knallharten Staatstreich gegen David und hatte bereits Boten in alle Stämme Israels senden lassen mit genauen Anweisungen, wie der Machtwechsel vor sich gehen sollte. Viele der beteiligten Männer in seinem Umfeld sind derweil völlig unbedarft. Die Bibel berichtet uns, dass sie nicht einmal ahnen, welches Spiel Absalom treibt.

Als David die verschwörerischen Absichten seines Sohnes zugetragen werden, beschließt er, Jerusalem zu verlassen und in die Wüste Juda zu fliehen, um der Stadt und den Menschen ein Blutbad zu ersparen. Er zieht aus der alten Davidstadt nach Osten hinunter ins Kidrontal, überquert den Bach und steigt auf der anderen Talseite den Ölberg hinauf (siehe 1. Samuel 15,6ff). Oben angekommen liegt die Wüste Juda vor ihm – und der alte Weg durchs Wadi Qelt hinunter in die Jordanebene. Eine unwirtliche Gegend. Die Hänge sind durchzogen von unzähligen Höhlensystemen.

Eine Region – nicht weit von Jerusalem entfernt – ideal geeignet, um sich zu verstecken.

David weiß natürlich um die besondere Örtlichkeit. Umso erstaunlicher ist es, dass er sie nicht nutzt. Vielleicht vereitelt das der wütende Mann, der – so wird uns das beschrieben – David das ganze Wadi Qelt hinunter auf der anderen Talseite begleitet und von dort aus beschimpft. David lässt ihn gewähren, erreicht mit seinen Leuten müde den Jordan und kommt erst dort zur Ruhe.

Wer einmal dort unten am Jordan war, rund 250 m unter Meereshöhe, der erahnt etwas von der brütenden Hitze, die David dort – je nach Jahreszeit – umgab. Der Zufall will es so, dass ich diese Zeilen dort in der Gegend schreibe. Die Hitze ist unerträglich. Es gibt zwar eine Abkühlung in der Nacht, aber selbst dann wirft man sich auf seinem Bett noch hin und her, wenn man nicht in den Genuss einer modernen Klima-Anlage kommt – und die hatte David definitiv nicht zur Verfügung. Hat David in so einer unruhigen Nacht die folgenden Worte aus Psalm 63 geschrieben?

„Gott, du bist mein Gott, den ich suche. Es dürstet meine Seele nach dir, mein Leib verlangt nach dir aus trockenem, dürrem Land, wo kein Wasser ist."

Wer solche unruhigen Nächte kennt, weiß etwas davon, wie einem in solchen Nachtstunden die Nöte des Lebens größer werden, als sie einem am Tage sind. Psychologen raten heute dazu, sich in solchen Momenten wegzudenken, sich Gegenbilder ins Gedächtnis zu rufen – Orte der Sehnsucht, der Geborgenheit … und es wirkt so, als mache David genau das:

„So schaue ich aus nach dir in deinem Heiligtum, wollte gerne sehen deine Macht und Herrlichkeit. Denn deine Güte ist besser als Leben; meine Lippen preisen dich."

Einmal mit seinen Gedanken bei Gott und dem Gebet im Heiligtum in Jerusalem angekommen, erfasst David eine erstaunliche Freude. Sie ist in seiner Situation nicht wirklich erklärbar. Logisch ist sie jedenfalls nicht. Aber vielleicht ist es ja gerade das. Es geht nicht um Logik, sondern um Theo-Logik. Denn Davids Situation ist immer noch denkbar schwierig. Der Ausgang der Geschichte ist für ihn völlig unklar. Es könnte sein irdisches Ende bedeuten. Und doch gewinnt er – gehen wir mal davon aus, er schreibt diesen Psalm wirklich in einer der Nächte dort unten in der Jordanebene – eine innere Freude und Geborgenheit in Gott, die ihn ganz und gar zu erfassen scheint.

„Das ist meines Herzens Freude und Wonne, wenn ich dich mit fröhlichem Munde loben kann; wenn ich mich zu Bette lege, so denke ich an dich, wenn ich wach liege, sinne ich über dich nach."

Wer kennt solche Stunden in der Nacht nicht? Wie die meisten Menschen weiß auch ich etwas davon, was es bedeutet, nachts wach zu liegen und über dies und jenes nachzusinnen. Manchmal hilft es sich dann zu vergegenwärtigen, dass das, was einem in solchen Nächten wie ein unüberwindbares Gebirge vor einem steht, zu anderen Zeiten gut bewältigt werden konnte.

Manchmal hilft es, sich in solchen Nächten aber auch ganz schlicht klar zu machen, dass Gott da ist. Mitten im Dunkel meiner Nacht bin ich nicht allein. Und wie oft habe ich schon erlebt, dass Gott helfend eingegriffen, neue Türen geöffnet und neue Wege geebnet hat. Warum sollte es diesmal anders sein? Warum? Ist es dieses Sich-Erinnern an das, was Gott in seinem Leben schon getan hat, das David formulieren lässt:

„Du bist mein Helfer."

Die Basis Bibel übersetzt an dieser Stelle: „Ich durchwachte Nächte und überlegte mir: Du bist es gewesen, der mir geholfen hat!"

Den dunklen Einreden der schlaflosen Nacht, hält David entgegen, wie gut und helfend er Gott in der Vergangenheit erlebt hat.

Viele Jahre nach David übernahmen die Wüstenväter diese Vorgehensweise und machten daraus eine Art geistliche Übung. Sie arbeiteten mit „geistlichen Einreden". Das waren oft kurze, auswendig gelernte Wahrheiten, die sie sich dann vorsagten, wenn die negativen Gedanken sich einschleichen und sie in die Tiefe ziehen wollten. Die Mönche setzen bis heute solche Kern-Wahrheiten ihren negativen Gedanken gezielt entgegen und erleben, wie die positive Wahrheit ihr Denken mehr und mehr zu prägen beginnt und die dunklen Stimmen der negativen Einreden nach und nach an Macht verlieren.[1]

In der Nacht im Jordantal scheint David so eine geistliche Übung zu vollziehen. Die im Psalm nachfolgenden Sätze sind geradezu optimal geeignet, um als positive Wahrheit die dunklen Gedanken der Nacht zu vertreiben:

„Meine Seele hängt an dir; deine rechte Hand hält mich."

Wir hängen nicht an uns selbst. Wir sind auch nicht den Umständen oder Situationen unseres Lebens hilflos ausgeliefert. Selbst wenn wir Wege gehen müssen, die wir uns nie ausgesucht hätten, sind wir nicht allein. Der Gott, der Menschen Halt geben kann, wenn wir uns diesen selbst nicht mehr geben können, dieser Gott ist bei uns. Jetzt in diesem Augenblick.

Wo immer Sie diese Zeilen jetzt gerade lesen, ist er bei Ihnen. Er ist Ihnen näher, als irgendein Mensch es sein könnte. Sie und ich, wir sind gehaltene Menschen. Von Gott gehaltene Menschen, wie David einer war ... in

---

1 Der Benediktiner-Pater Anselm Grün hat darüber ein empfehlenswertes, kleines Büchlein geschrieben. Es heißt „Einreden" und ist erschienen im Vier-Türme-Verlag, Münsterschwarzach.

der Wüstennacht im Jordantal, als er – wenn es so war – Psalm 63 formuliert hat.

Das Herz Davids ist in dieser Wüstennacht erfüllt von der Gegenwart Gottes und löst eine Freude in ihm aus, der man nur kopfschüttelnd gegenüberstehen kann, wenn man nichts weiß von einem lebendigen Gott. Für wen Gott nicht mehr ist als ein religiöser Gedanken, wird hier ans Ende seiner Vorstellung kommen. Wer aber etwas weiß von der unsichtbaren Gegenwart des Schöpfers der Welt und davon, dass dieser nicht nur verkündigt, sondern auch real erlebt werden kann, der wird etwas davon zu ahnen beginnen, was David in der Wüste Juda in jener Nacht erlebt. Es beginnt in ihm zu jubeln:

„Du bist mein Helfer, und unter dem Schatten deiner Flügel frohlocke ich.“

Die Angst weicht zurück. In David macht sich ein Vertrauen breit, das man nur schwer mit Worten beschreiben kann. Seine Gesamtsituation hat sich in dieser Nacht noch nicht verändert. Nichts hat sich in Wohlgefallen aufgelöst. Im Gegenteil. Es liegen keine einfachen Zeiten vor David. Am Ende wird er zwar König bleiben, aber seinen aufständischen Sohn verlieren und betrauern müssen.

In jener Wüstennacht im Jordantal aber erlebt er den Trost des Gottes, der in birgt, wie ein Adler seine Jungen unter seinen Flügeln.

Dieter Braun

Lied EG 171 Bewahre uns, Gott, behüte uns Gott

Gebet

Großer Gott, du bist die Freude meiner Seele,
mein Schutz in der Nacht und mein Wegbereiter am Tag –
ich danke dir! Amen.

Monatsspruch für September

Jesus Christus spricht:
Wer sagt denn ihr,
dass ich sei?

Matthäus 16,15

Fragst du, wer der ist?

Was für ein merkwürdiger Monatsspruch, schon rein formal: Nur der zweite Teil ist wörtliches Bibelzitat. Die einleitenden Worte sind stark paraphrasierend vorangestellt. Wir sollten aufpassen, dass wir aus einem Bibelwort nicht einen Bibelspruch, aus einem Jesuswort nicht einen Kalenderspruch machen, indem wir es herausnehmen aus seinem biblischen Zusammenhang und auf ein kirchliches Podest stellen.

Auch inhaltlich mutet dieser synthetische Monatsspruch merkwürdig an: Ist nicht die Antwort auf die neutestamentliche Frage in der feierlichen kirchlichen Einleitung schon enthalten – und der Frage somit ihre ursprüngliche Spannkraft entzogen? Wir sollten vorsichtig sein mit der Eintragung unseres dogmatischen Wissens ins Evangelium, mit der Vorwegnahme heilsgeschichtlicher Resultate beim Lesen der biblischen Geschichte. Das kann uns den ursprünglichen Zugang verstellen.

Wir tun also gut daran, den Monatsspruch wieder in seinen Zusammenhang einzubetten und uns selbst auf den biblischen Kontext einzulassen, um recht zu verstehen, was dieses Jesuswort zu bedeuten – und was es uns wirklich Merkwürdiges zu sagen hat.

Er heißt Jesus Christ!

Im Matthäusevangelium (16,13–16) wird berichtet, dass Jesus seine Jünger fragte: „Wer sagen die Leute, dass der Menschensohn sei?“ Das sind ja eigentlich zwei ineinander verschachtelte Fragen: Jesus fragt danach, was die Leute sagen zu einer bestimmten Frage: Wer „der Menschensohn“ sei. Stellt Jesus also die Frage: Wer bin ich? – Dann beantwortet er sie gewissermaßen selbst: der *Menschensohn*.

Die Jünger nehmen die Frage ganz unkompliziert. Sie sind gewohnt, dass Jesus von sich in der dritten Person als dem „Menschensohn“ (wie im Buch des Propheten Ezechiel) spricht. So antworten sie geradeheraus: „Einige sagen, du seist Johannes der Täufer, andere, du seist Elia, wieder andere, du seist Jeremia oder einer von den Propheten“ – deren Wiederkehr die Menschen erwarten.

Aber dann stellt Jesus eine zweite, persönliche Frage. Er fragt die Jünger: „Wer sagt denn *ihr*, dass ich sei?“ Und ohne Zögern antwortet Petrus, der Vorlauteste von ihnen: „Du bist der *Christus*, der Sohn des lebendigen Gottes!“

Wer ist Er?

Ist es nicht auch merkwürdig, dass nach über der Hälfte des Evangeliums noch immer nicht klar ist, „wer“ die Hauptperson der Geschichte ist? Was in der Überschrift deutlich ausgesprochen wird: „Dies ist das Buch der Geschichte Jesu *Christi*, des *Sohnes Davids*, des Sohnes Abrahams“ (1,1), das ist im weiteren Verlauf der Geschichte alles andere als klar – wer Jesus ist. Man könnte sagen, das ganze Evangelium handelt davon: Wer der Sohn von Maria und Josef (1,16) ist.

König Herodes fürchtet den „neugeborenen *König der Juden*“, dessen Geburt orientalische Sterndeuter ihm angesagt hatten, als Thronprätendent. Die von ihm angefragten Schriftgelehrten Israels bestätigen, dass *„der Christus*“ aus Betlehem aus dem Stamm Juda der verheißene *„Fürst*“ sei, der das „Volk Israel weiden soll“ (2,1–6).

Als Jesus sich von Johannes taufen ließ, „tat sich ihm der Himmel auf, und er sah den Geist Gottes wie eine Taube herabfahren und über sich kommen. Und siehe, eine Stimme aus dem Himmel sprach: Dies ist *mein lieber Sohn*, an dem ich Wohlgefallen habe“ (3,16f).

Als der Täufer ins Gefängnis geworfen wird, kommen ihm Zweifel an seiner Mission als Vorläufer des Messias. Er lässt seine Jünger Jesus fragen: „Bist du, der da kommen soll, oder sollen wir auf einen andern warten?“ Jesus antwortet mit Hinweis auf sein eigenes Wirken: „Geht hin und sagt Johannes wieder, *was ihr hört und seht*: Blinde sehen und Lahme gehen, Aussätzige werden rein und Taube hören, Tote stehen auf und Armen wird das Evangelium gepredigt“ (11,2–5). Das hat Johannes verstanden. Er kannte seine Bibel (vgl. Jesaja 35,5f; 61,1). Für alle anderen fügt Jesus eine ernste Bemerkung hinzu: „Und selig ist, wer sich nicht an mir ärgert“ (Matthäus 11,6). Denn er weiß genau, was die Leute so meinen: „Johannes ist gekommen, aß nicht und trank nicht, und sie sagen: Er ist von einem Dämon besessen. Der Menschensohn ist gekommen, isst und trinkt, und sie sagen: Siehe, dieser Mensch ist *ein Fresser und Weinsäufer, ein Freund der Zöllner und Sünder*“ (18f).

Als Jesus, der Kranke heilte und Dämonen austrieb, auch einen Sturm stillte, fragen selbst seine Jünger entsetzt: „*Wer ist der*, dass Wind und Wellen ihm gehorchen?“ (8,27).

Als schließlich Pilatus ihn verhört und fragt: „Bist du der *König der Juden*?“ – wie die religiösen Autoritäten deines Volkes sagen, dass du es beanspruchst – da antwortet Jesus zweideutig: „Du sagst es." Als er von den Hohepriestern und Ältesten verhört wird, die seine Konkurrenz fürchten und ihn loshaben wollen, antwortet er ähnlich – oder gar nicht (Matthäus 26f). Als Jesus dann von römischen Soldaten ans Kreuz genagelt wird, lässt Pilatus eine Tafel anbringen mit den Worten: „Jesus von Nazareth, König der Juden" (27,37).

Als der Auferstandene unerkannt mit zwei Jüngern nach Emmaus unterwegs ist, berichten sie ihm voller Enttäuschung „das mit Jesus von Nazareth, der ein Prophet war, *mächtig in Taten und Worten* vor Gott und allem Volk; wie ihn unsre Hohepriester und Oberen zur Todesstrafe überantwortet und gekreuzigt haben. Wir aber hofften, er sei es, *der Israel erlösen werde*" (Lukas 24,19–21).

Jesus ist die Antwort

Für die gläubigen Juden, die erwartungsvoll aus biblischen Verheißungen lebten und geduldig auf den versprochenen Erlöser hofften (wie Simeon und Hanna, Lukas 2), für die Männer und Frauen, die Jesu Ruf folgend alles verlassen hatten und ihm nachfolgten, für die vielen Menschen, die in der Begegnung mit Jesus Heilung und Heil, Vergebung und Versöhnung, Annahme und Aufnahme erfuhren (Bartimäus, Zachäus, Maria von Magdala), waren ihre eigenen Erfahrungen mit Jesus die Antwort auf die Frage, wer er ist: der von Gott versprochene Helfer und Erlöser, der verheißene Messias, der da kommen soll – und gekommen ist, „zu suchen und zu retten, was verloren ist" (Lukas 19,10).

Ihre Vorstellungen davon, wie die mit Jesus angebrochene neue Welt Gottes aussehen würde oder sollte, waren sehr unterschiedlich – auch im engsten Kreis derer, die Jesus nachfolgten. Da war die Mutter von Jakobus und Johannes, die ihren Söhnen hohe Positionen im Reich Gottes sichern wollte – und nicht verstand, dass bei Jesus nicht Macht und Ehre, sondern Dienen und Demut zählen. Da war Petrus, der Jesus zuerst daran hindern wollte, den Weg des Leidens zu gehen, dann aber große Versprechungen machte – und schließlich Jesus verleugnete. Und Judas, der das Gottesreich als politische Befreiung verstand und mit Gewalt herbeiführen wollte – dann aber im Verrat an Jesus verzweifelte. Alle haben ihre eigene Geschichte mit Jesus. Und mit der Frage, wer er ist.

Das ganze Evangelium ist die Geschichte dieser Frage – mit all den Verheißungen, Heils-Erfahrungen, Wundertaten und Offenbarungen, mit großer Begeisterung aber auch vielen Fragen, Enttäuschungen und schwerer Ernüchterung. Was Jesus von sich selbst sagte, wer er sei, – und welche messianischen Titel er für sich selbst in Anspruch nahm – das ist nicht ganz leicht herauszufinden. Darüber streiten sich die Gelehrten. Jedenfalls ist das Evangelium – ob nach Matthäus (der Jesus im Licht biblischer Verheißungen versteht), ob nach Markus (der in Jesu Weg ein göttliches Geheimnis sieht), ob nach Lukas (der die irdischen Realitäten und menschlichen Beziehungen hervorhebt) oder nach Johannes (bei dem die „Ich bin"-Worte Jesu ganz eigene Antworten geben) – an dieser Frage entlang erzählt: Wer ist Jesus? Und spätestens am Schluss der Geschichte bin ich selbst konfrontiert mit der Frage: Was meinst du, wenn du dies hörst und liest? Was glaubst du, wer Jesus ist? Alles, was von Jesus erzählt wird, was er sagt und tut, wirft diese Frage auf, beantwortet sie gleichzeitig – und konfrontiert uns Menschen mit ihr, heute wie damals: „Wer ist der?"

Dabei wird klar: Das ist hier kein Quiz, auch kein Rätsel mit einer bestimmten Lösung, sondern buchstäblich ein „Messiasgeheimnis". Ein Geheimnis, das größer wird, je mehr sich uns davon offenbart, je tiefer wir in es eindringen. Da gibt es keine Antwort, die einfach „richtig" oder „zutreffend" wäre. Die Antwort kann nicht angekreuzt werden, denn die Frage ist zutiefst persönlich: Wer ist Jesus *für mich*?

Die Antwort auf diese Frage ist immer zugleich ein *Bekenntnis*. Jesus fordert dazu heraus. Und dabei weiß er um die Zwiespältigkeit menschlicher Reaktionen auf sein Reden und Wirken, auf die Ankündigungen seines Leidens und Sterbens. Und er weiß um die Unverfügbarkeit des Glaubens. Nicht die Antwort des Glaubens ist das menschlich Wahrscheinliche, sondern das Anstoßnehmen am Ärgernis des selbstlos Dienenden, gewaltlos Leidenden und schuldlos Gekreuzigten. Darum: „Selig, wer sich nicht *an mir ärgert*!" (Matthäus 11,6). Doch „wer sich *zu mir bekennt* vor den Menschen, zu dem werde auch ich mich bekennen vor meinem himmlischen Vater" (Matthäus 10,32). Das Bekenntnis zu Jesus spricht sich aus gegenüber anderen Menschen. Es drückt sich aber auch aus gegenüber Gott – und führt hinein in die Anbetung: Jesus, „mein Herr und mein Gott!" (Johannes 20,28).

Die Frage Jesu zielt also nicht nur auf eine Meinung oder Vorstellung, die wir uns je nach Kultur, Erziehung oder Bildung machen. Nicht auf ein Bild, das wir von Jesus haben. Und dennoch: Wie die Ich-bin-Worte des Johannesevangeliums und der Johannesoffenbarung (Brot, Licht, Tür, Hirte, Auferstehung, Weg, Wahrheit, Leben, Weinstock, Alpha und Omega) ganz neue Bilder gebrauchen und eine ganz andere Sprache sprechen als die Messias-Prädikationen der synoptischen Evangelien; und wie selbst Markus, Matthäus und Lukas untereinander charakteristisch variieren – so darf ich meinen Glauben an Jesus mit ganz eigenen, neuen Worten zum Ausdruck bringen. Wie viele andere vor und neben mir. Angefangen bei den urchristlichen Hymnen im Philipper- oder Kolosserbrief (Haupt, Anfang, Erstgeborener) über die Gebete der Kirche in ihrer Geschichte und weltweiten Verbreitung bis hin zu klassischen theologischen Entwürfen (König, Priester und Prophet) oder zu Jesus-Liedern in den christlichen Gesangbüchern aller Zeiten und Konfessionen: „Jesu Name nie verklinget."

Wahrer Mensch und wahrer Gott

Denn die Frage, wer Jesus ist, ist zugleich die Frage nach dem Menschen und nach Gott. Nach dem Menschsein und nach dem Wesen Gottes. Nach dem wahren Menschen und dem wahren Gott. Nach dem Menschen, wie er sein soll und nach Gott, wie er ist. Wie er sich in Jesus als Liebe offenbart. Die Frage nach Gott lässt sich nicht ohne die nach dem Menschen beantworten – und die Frage nach dem Menschsein nicht ohne die Frage nach Gott. Die Frage nach Jesus verknüpft beide unlöslich. Jesus selbst ist die Antwort. Er selbst in Person. Seine Geschichte, das Evangelium, was er sagt und tut, wer er ist.

Und meine Antwort auf die Frage, wer Jesus *für mich* ist, kann deshalb nur so gehen, dass ich mich *„zu ihm bekenne"*, also dass ich mich selbst verstehe und identifiziere als ein Mensch, der zu Jesus gehört – und ein Kind Gottes sein darf. Dass ich in diese Geschichte vom Mensch gewordenen Gott, vom menschensuchenden und menschenrettenden und menschenliebenden Gott hineingenommen werde, ist das merkwürdigste Geheimnis überhaupt.

Albrecht Haizmann

Lied EG 617 Stark ist meines Jesu Hand

Gebet

Herr Jesus Christus, du bist in die Welt gekommen, nicht um dir dienen zu lassen, und also auch nicht, um dich bewundern oder in diesem Sinne anbeten zu lassen. Du warst selber der Weg und das Leben – und du hast nichts anderes verlangt als Nachfolger.

So wecke uns denn auf, wenn wir in Betörung eingeschlummert sind, erlöse uns von dieser Verwirrung, dass wir dich bewundern oder anbetend bewundern wollen, statt dir nachfolgen und ähnlich werden zu wollen.

Sören Kierkegaard[1]

---

1 Aus: Sören Kierkegaard, Einübung im Christentum Nr. III,VI.

Monatsspruch für Oktober

Seid Täter des Worts und nicht Hörer allein, sonst betrügt ihr euch selbst.

Jakobus 1,22

„Hörer allein"

Manchmal sind es kleine Anekdoten oder Witze, die einem einen Spiegel vorhalten können. So auch die folgende Geschichte, die Quelle ist unbekannt:

Von einem Pastor wird dort berichtet, der seine erste Predigt in der neuen Gemeinde hielt. Eine flammende Predigt zum Thema „Kompromisslose Nachfolge". Begeisterung! Eine Predigt, an die man sich lange erinnern würde. Nach dem Gottesdienst kommen viele auf den jungen Pastor zu, schütteln ihm die Hand und bringen zum Ausdruck, wie berührt sie waren von seiner Predigt.

Am nächsten Sonntag hören sie wortwörtlich die gleiche Predigt über: "Kompromisslose Nachfolge". Nach dem Gottesdienst besprechen sich die Ältesten der Gemeinde, aber man beschließt, noch nichts zu unternehmen. Irgendwo kann man ja verstehen, dass es für einen jungen Pastor so viel zu tun gibt ... gerade erst der Umzug ... das Einleben ... neue Leute kennenlernen! Am dritten Sonntag ist die Kirche allerdings schon etwas leerer, und als der Pastor auf die Kanzel steigt, hält er die gleiche Predigt zum dritten Mal. Jetzt luden die Ältesten ihn zu einem dringenden Leitungstreffen ein und fragen ihn: „Herr Pastor, wann predigen Sie denn mal was Neues?" „Nun", kommt die Antwort, „ich habe schon eine ganze

Reihe von Predigten vorbereitet. Ich warte darauf, dass sich die Gemeinde die erste Predigt zu Herzen nimmt und umsetzt! Dann komme ich zum nächsten Thema."

So ist es also, wenn Menschen „Hörer allein" sind!

Nicht lang schnacken – machen

„Schnack nicht - mach!" - manches Mal habe ich diesen Satz als Jugendliche von meinen Eltern gehört, wenn ich über eine Aufgabe, die ich erledigen sollte, erst einmal diskutieren wollte. Wie gut tut es, wenn jemand eine Aufgabe sieht, und gleich zupackt, ohne viele Worte zu machen. Wie sehr ärgere mich, wenn vor lauter Überlegen und Diskutieren am Ende von einer Idee nichts mehr bleibt. Hätte man doch gleich gemacht ...

Ich weiß: Es geht bei Jakobus um Hören und Tun, nicht um Reden und Tun – und doch kommt mir dies als erstes in den Sinn. Vielleicht, weil es so typisch ist: Da werden viele Worte gemacht und am Ende passiert nichts! Es sind diese Verse, die ich mit dem Jakobusbrief verbinde: Glaube muss gelebt werden und darf nicht nur theoretisch sein. Jakobus wendet sich gegen einen Glauben, der nicht sichtbar im Alltag wird. Der Jakobusbrief polarisiert: Die einen würden ihn am liebsten aus der Bibel streichen. Zu viele Anweisungen - zu wenig Evangelium - viel zu viel Gesetz. Martin Luther nennt den Jakobusbrief eine „stroherne Epistel", also trockene Kost und hätte wegen solcher Aussagen den Brief am liebsten aus dem Neuen Testament gestrichen. Er kam ihm zu sehr auf Werke konzentriert vor und verbannte ihn ans Ende. Andere schätzen diesen Brief aber, weil hier die Dinge mal auf den Tisch kommen und auch das christliche Verhalten angesprochen wird. Johannes Calvin schreibt dem Jakobusbrief einen „Nutzen für alle Situationen des christlichen Lebens" zu.[1]

Wer meint, dass er glaubt, aber der Glaube sich nicht praktisch ausdrückt, der macht sich selbst und anderen etwas vor.

„An ihren Früchten sollt ihr sie erkennen"

Es geht darum, sich das Wort Gottes zu Herzen zu nehmen, es im Leben anzuwenden und umzusetzen. „An ihren Früchten sollt ihr sie erkennen", sagt Jesus in der Bergpredigt. Diesen Gedanken nimmt der Jakobusbrief auf. Glaube ist eine innere Überzeugung, die zum Handeln treibt. Jakobus benennt einige Beispiele. Was nützt es zu glauben, dass Jesus uns aufgetragen hat zu vergeben, wenn wir dennoch mit einem Herzen voller Bitterkeit leben? Irgendwann muss der Punkt kommen, an dem wir leben, was wir glauben, sonst bringt uns der ganze Glaube nichts. Es reicht nicht, im Gottesdienst zu sitzen oder die Bibel zu studieren. Das Hören allein macht noch keine Christin. Das Wort Gottes wird erst dort richtig gehört, wo es zum Maßstab für das Leben wird. Vor einigen Jahren gab es die Aktion „Glaube am Montag". Gemeint ist, den Glauben im Alltag zu leben. Glaube am Montag heißt, unser Handeln an Gottes Maßstäben zu messen. Etwas tun gegen Streit und Ärger am Arbeitsplatz. Glaube am Montag heißt, auf den anderen zuzugehen, sich für Gerechtigkeit einsetzen. Unser Glaube soll Auswirkung haben. Manches Mal

1 Vgl. Achim Detmers, „Der Jakobusbrief: ‚Sprudel vielfältiger Lehrunterweisung' oder ‚stroherne Epistel'?

lässt sich das Gehörte vom Sonntag in der rauen Alltagswelt nur schwer umsetzen. Jakobus fordert keinen blinden Aktionismus. Er will den Menschen kein neues Joch auflegen, sondern er spricht zu Christenmenschen und sagt: Was Gott von uns haben will, das will er für uns haben. So ändert er selbst unsere Gesinnung durch sein Wort, das wir hören sollen. Sein Geist bewegt unsere Herzen, die Früchte zu bringen, die ihm gefallen. Der Glaube an Christus ist ja nicht nur ein bloßes Wissen. Der Glaube an Christus bewirkt eine Änderung in unserem Denken und Handeln. Der Glaube fragt nach Gottes Willen und hat Lust daran, diesen Willen auch zu tun (Psalm 1).

Unser Glaube darf ansteckend sein, sichtbar werden.

Nicht Hörer allein

„Seid aber Täter des Worts und nicht Hörer allein!" Tun und Hören gehört zusammen. Manchmal wird dieses Wort benutzt, um das Hören auf Gottes Wort in den Hintergrund rücken zu lassen. Das Eigentliche ist das Tun. Aber auch für Jakobus steht das Hören an erster Stelle. Wir sollen, ja, wir müssen Hörer des Wortes sein. Doch dieses Hören ist mehr, als nur das Aufnehmen von Tönen. „Wer die Botschaft Gottes nur hört, aber nicht danach handelt, ist wie ein Mensch, der in einen Spiegel blickt: Er sieht sich, wie er ist, und betrachtet sich kurz. Aber dann geht er weg und vergisst sofort, wie er aussah. Anders der Mensch, der tief und anhaltend in das vollkommene Gesetz Gottes blickt, das uns frei macht. Er hört nicht nur hin, um es gleich wieder zu vergessen, sondern handelt danach. Freuen darf sich, wer das wirklich tut" (Jakobus 1,23–25).

Der Vergleich mit dem Spiegel ist interessant. Wer in einen Spiegel schaut, der entdeckt sich selbst. Er sieht etwas, das er ohne den Spiegel nicht gesehen hätte. So ist auch jemand, der in Gottes vollkommenes Gesetz der Freiheit geschaut hat: Er hat etwas über sich selbst und über Gott gelernt, er hat die Freiheit im Glauben erkannt. Nun muss es praktisch werden; nur die Möglichkeit zu entdecken bedeutet nicht, dass man etwas von dem erlebt, was Christus tun kann. Erst wenn man beginnt nach dem zu handeln, was man erkannt hat, wird sich das Leben ändern.

Mehr als ein Wort

Zum Hören auf das Wort Gottes gehört auch, dass wir alles, was wir hören, mitnehmen in unseren Alltag. Mit den Ohren verstehen wir alles. Aber lassen wir das Wort auch so an uns kommen, dass es uns bewegt? Lesen und Hören der Bibel hat ganz konkrete Auswirkungen. Die Bibel ist voll von Geschichten der Umkehr, des Neuanfangs, der Bewegung. Es geht darum, dass Gott Menschen dazu bewegt sich – und dadurch die Umwelt zu verändern. Sicher hilft es, viele kleine Schritte zu wagen. Gott erwartet keine Perfektion. Jakobus spricht vom Selbstbetrug, wenn es beim Hören bleibt. Ein hartes Urteil und doch steckt darin etwas Wahres. Wer keine Glaubensschritte wagt, der legt auch keinen Glaubensweg zurück, macht keine Glaubenserfahrungen. Wer nach dem Hören handelt, macht Erfahrungen mit Gott und die Entdeckung, dass sein Wort Leben schafft und verändert. Wir betrügen uns selbst um Gottes Möglichkeiten, wenn wir nur hören, aber nicht handeln. Jakobus nennt ganz konkrete Dinge, wo und wie wir handeln können: Geht sorgsam mit eurer Sprache um, sorgt für die Witwen und Waisen, für Entrechtete. Wenn unser Alltag nicht zum Gottesdienst wird, können wir uns laut Jakobus den Gottesdienst am Sonntag auch schenken.

Fragen zum Weiterdenken: Wann und wo höre ich auf das Wort Gottes und tausche mich mit anderen darüber aus? Was hilft mir, vom Hören zum Tun zu gelangen? Wo fließt mein Glaube in meinem Alltagshandeln ein? Wer sind die „Witwen und Waisen“ in meinem Umfeld? Wo wird Täter oder Täterin des Wortes sein auch unbequem?

Kerstin Schmidt-Peterseim

Lied EM 306 Glauben heißt, Christus mit Worten zu nennen

Gebet

Lass uns in deinem Namen, Herr,
die nötigen Schritte tun.
Gib uns den Mut, voll Glauben, Herr,
heute und morgen zu handeln.
Lass uns in deinem Namen, Herr,
die nötigen Schritte tun.
Gib uns den Mut, voll Liebe, Herr,
heute die Wahrheit zu leben.
Lass uns in deinem Namen, Herr,
die nötigen Schritte tun.
Gib uns den Mut, voll Hoffnung, Herr,
heute von vorn zu beginnen.
Lass uns in deinem Namen, Herr,
die nötigen Schritte tun.
Gib uns den Mut, voll Glauben, Herr,
mit dir zu Menschen zu werden.

Kurt Rommel © Strube Verlag, München

Monatsspruch für November

Er allein breitet den Himmel aus und geht auf den Wogen des Meers. Er macht den Großen Wagen am Himmel und den Orion und das Siebengestirn und die Sterne des Südens.

Hiob 9,8–9

Einstimmen ins Schöpferlob?

Der Vers ist Teil eines kleinen Hymnus, der die Größe und Macht Gottes, des Schöpfers des Himmels und der Erde, besingt. „Er tut große Dinge, die nicht zu erforschen, und Wunder, die nicht zu zählen sind", so fasst Vers 10 zusammen, was es da zu loben gibt.

In den beiden Versen geht der Blick dorthin, wo die menschliche Vorstellungskraft endet. Das Himmelsgewölbe wird als ein riesiges Zelt vorgestellt, das Gott „alleine" über der Erde ausgebreitet hat. Über das unvorstellbar weite und tiefe Meer schreitet Gott einfach hinweg. Er ist Herr des Meeres, des gebändigten Restes der Urflut. Auch die Sterne, die sich dem menschlichen Blick zu Sternbildern formen, so fern und beeindruckend sie erscheinen, sie sind von Gott gemacht; und nicht, wie es in anderen Völkern geglaubt wird, machtvolle Wesenheiten.

Die Rede von den großen Dingen, die nicht zu erforschen und nicht zu zählen sind, ist bis heute wahr. So muss man beispielsweise davon ausgehen, dass erst etwa 5 Prozent der Tiefsee, dem größten Ökosystem der Erde, erforscht sind. 71 Prozent der Erdoberfläche bestehen aus Meer und die Hälfte davon ist tiefer als 3 Kilometer. Erst seit den 1960er Jahren wird die dort vorfindliche unermesslich große Artenvielfalt entdeckt und erforscht. Wie riesig der Beitrag der Tiefsee zu einem gesunden Ökosystem der Erde ist, lässt sich erst allmählich erahnen.

Oder die Sternbilder, die er „macht". Längst wissen wir, dass die Sterne, die sich für unseren Blick so nett zu Sternbildern formen, im dreidimensionalen Raum des Weltalls Lichtjahre voneinander entfernt sind und nur für uns zusammengehörig erscheinen. In der Zeit, in der ich diese Zeilen schreibe, ist eine neue Himmelskarte erschienen. 4,4 Millionen Galaxien sind dort aufgenommen, eine Million davon wurde neu aufgenommen, sie waren zuvor unbekannt. Über die kartierten Objekte hinaus schätzt man, dass es allein im beobachtbaren Teil des Universums zwei Billionen Galaxien gibt, die im Schnitt wiederum jeweils aus einer Billion Sterne bestehen. Ich schreibe diese Zahlen nur mechanisch ab, ohne mir nur im Entferntesten eine Vorstellung davon machen zu können.

Was lösen solche Beschreibungen der unvorstellbaren Größe und Vielfalt der Schöpfung in uns aus?

Hiob formuliert hier nicht selbst, er stimmt ein in geprägte Sprache. In Vers 10 zitiert er fast wörtlich seinen Freund Elifas (Hiob 5,9), es gibt viele Anklänge an und Zitate aus anderen Schöpfungshymnen. Nehmen wir den Monatsspruch für sich allein, scheint es, als singe Hiob freudig und dankbar das traditionelle Lob des großen Schöpfers mit. Wenn wir die Verse aber in ihrem Zusammenhang lesen, sieht es anders aus.

Was sagt uns die Schöpfung?

Hiob wäre nicht Hiob, der Leidende, der mit Gott Streitende, wenn er hier einfach die Wunder der Schöpfung fröhlich besingen würde. Die Natur, auch wenn wir sie als Schöpfung verstehen, und auch abgesehen davon, was der Mensch aus ihr gemacht hat, hat nie eine eindeutige objektive Botschaft. Unser Blick darauf liest immer etwas, was in uns selbst ist, heraus oder hinein. Der Blick in den Sternenhimmel beispielsweise kann uns verzweifeln lassen ob unserer völligen Bedeutungslosigkeit als ein Stäubchen im All; noch dazu ein Winzling, der es womöglich schafft, sich selbst und seinen kleinen Planeten abzuschaffen durch seine Überheblichkeit.

Oder aber er lässt uns vor Freude und Dankbarkeit jubeln darüber, dass es in diesem unendlich weiten Raum dieses Menschlein gibt – bisher wissen wir von keinem ähnlichen Wesen – das große Gedanken und Gefühle hat und sich als Gegenüber und Ebenbild des Schöpfers des ganzen Universums sehen darf.

Ich denke, wir kennen beides: Wenn wir nur noch Probleme sehen, kann der Blick oder Gang in die Schöpfung die Probleme relativieren und kleinliche Gedanken zurechtbringen angesichts der Wunderwerke um uns her. Aber wir kennen auch das andere: Wir empfinden die Schönheit der Natur als Hohn, als unerträglichen Gegensatz zur eigenen Befindlichkeit und zum Zustand der Welt.

Ich schreibe diese Zeilen im Frühjahr 2022. In einer Zeitung lese ich: „Der Frühling ist zurück und der Zustand der Welt ist ihm egal, selbst der Krieg kümmert ihn nicht, Frühling wird immer, schön und rücksichtslos. In Kiew liegen am 15. März Blumen zwischen Scherben auf dem Boden. Draußen fallen Bomben auf Häuser … Der Frühling ist so verlässlich schön, dass es weh tut …“ Schön wäre es, wenn es im November 2023 gerade anders herum wäre; dass das trübe Wetter im Gegensatz stünde zur allgemeinen Stimmungslage, weil sich vieles zum Guten wendete und die Menschen Hoffnung schöpften? Oder wird es so sein, dass die fallenden Blätter, Regen und Nebel, aber auch die natürlichen und die menschengemachten Widrigkeiten in der Natur, das Leiden am Leben und an der Welt noch verstärken?

Hiobs Tunnelblick

Hiob zitiert zwar Worte des Schöpferlobes, doch in seinem Mund werden diese Worte zu bitteren Vorwürfen. In seinem Leiden bezieht er alles im negativen Sinn auf sich selbst. Die Größe und Macht Gottes erlebt er als willkürlich und gewalttätig. In den Versen vor dem Monatsspruch sieht er den Schöpfer geradezu sinnlos „in seinem Zorn" wüten. Berge stürzt er um und lässt die Erde bis zu den Grundfesten erzittern. Nicht nur durch die Eingriffe des Menschen hat die Schöpfung durchaus zwiespältige Züge, etwa in Naturkatastrophen oder aktuell in gefährlichen Viren. Die Schöpfung, wie sie uns der erste Schöpfungsbericht darstellt, in der alles „sehr gut" ist und alles auf das Wohlbefinden des Menschen ausgerichtet, ist eher eine Utopie als eine Beschreibung der Realität. Hiob dagegen nimmt vor allem die andere Seite wahr. Er anerkennt die unendliche Größe und Macht Gottes. Aber er lobt sie nicht, sondern er fürchtet sie, fühlt sich ihr ohnmächtig ausgeliefert. Seine Haltung erinnert mich an das Kind, das von einer Wespe gestochen wird und außer sich vor Wut schreit: „Du blöder Gott, ich hasse dich! Warum hast du das so gemacht?" Kinder und Hiob nehmen das Widrige persönlich und trauen sich, diese ohnmächtige Wut Gott entgegenzuschleudern. Dem Kind zu erklären, dass die Wespe ja auch für etwas gut ist, ist in einem solchen Moment so wenig hilfreich wie die Antworten der Freunde Hiobs, die ihm immer wieder das gerechte System Gottes erklären wollen.

In Hiobs Tunnelblick spiegelt die Schöpfung nur seinen eigenen Gemütszustand. Er macht sein eigenes Erleben, sein persönliches Schicksal zum Maßstab für den Zustand des ganzen Kosmos. Kein sinnvoller und guter Plan sei da zu erkennen.

Es wäre traurig, wenn dies das letzte Wort des Hiob-Buches zum Thema Schöpfung wäre. Gott sei Dank, ist das nicht so. Denn ein umfangreiches letztes Wort zum Thema spricht der Schöpfer selbst. Gott verschafft sich Gehör (Hiob 38–41), und Hiob hört zu. Sein Tunnelblick, der alles auf sich und sein Schicksal bezieht, wird als völlig unzulänglich entlarvt. Hiob wird von Gott in einen Kosmos entführt, der unendlich viel weiter, älter, vielfältiger, wunderlicher, herrlicher und schrecklicher ist, als Hiob sich das vorstellen kann. In einer langen Reihe rhetorischer Fragen wird Hiobs Hybris aufgedeckt, mit der er sich angemaßt hat, über den Sinn der Schöpfung zu urteilen. „Wo warst du, als ich die Erde gründete …?“ Die rhetorischen Fragen erkundigen sich nach Hiobs Beitrag zur Schöpfung und nach seinem Wissen über die wunderlichsten Phänomene. So führt Gott ihm beispielsweise eine Tierwelt vor, die dem Menschen fremd und teilweise auch feindlich ist. Aber diese Tiere haben ihr eigenes Recht auf Fürsorge, ihre Würde, ihr jeweiliges Geheimnis, das jenseits ist von Nutzen oder Schaden für den Menschen. Diese Beschreibungen weiten bis heute den Tunnelblick, der die Schöpfung nach dem oberflächlichen Nutzen für den Menschen beurteilt. Was ein solcher Blick und Zugriff bewirkt, sehen wir heute mit großer Sorge.

Auch das Meer und die Sternbilder tauchen in dieser Rede wieder auf. Das Meer steht für die dunklen gefährlichen Seiten der Schöpfung. Gott kämpft dagegen an

(Hiob 38,11: „Bis hierher und nicht weiter."), bemuttert es aber auch: Er legt ihm Windeln aus Wolken und Dunkelheit an (38,9). Er begegnet der zwiespältigen Schöpfung mit Macht und Güte.

Wo Hiob beim Blick in den Sternenhimmel sinnlose Machtdemonstration sehen wollte, stellt Gott sich hier als Hirte der Sternbilder vor, der sie in ihren Bahnen lenkt: „Kannst du die Bande des Siebengestirns zusammenbinden oder den Gürtel des Orion auflösen?" (Hiob 38,31–33). Können auch wir uns Gott getrost als Hirten, als unergründlichen aber gütigen Schöpfer und Lenker dieses unendlich ausgedehnten Universums denken, von dem wir heute wissen?

Ja, wenn wir die Schöpfung nicht nur als Spiegel unserer Befindlichkeit und als Lieferant für unsere Bedürfnisse sehen; wenn wir unseren Blick weiten lassen und ehrfürchtig staunen über all das, was sich mit jedem Erkenntnisfortschritt als noch eigenwilliger, noch größer, geheimnisvoller und schützenswerter zeigt. Hiob (42,3ff) bekennt nach diesem grandiosen Naturfilm, den Gott ihm vorgeführt hat, dass er ohne Einsicht geurteilt hat über Gott und Welt. „Ich hatte von dir nur vom Hörensagen vernommen; nun aber hat mein Auge dich gesehen." Jetzt ist sein – unser? – Lob des Schöpfers ohne alle Bitterkeit. Dankbares Staunen und das Zutrauen zu Gottes umfassenden, vom Menschen nicht zu ergründenden Plänen ändert jetzt schon alles, obwohl er noch in Staub und Asche sitzt.

Annette Kick

Lied EG 506 Wenn ich, o Schöpfer, deine Macht

Gebet

Allmächtiger Gott,
der du in der Weite des Alls gegenwärtig bist
und im kleinsten deiner Geschöpfe,
der du alles, was existiert,
mit deiner Zärtlichkeit umschließt,
gieße uns die Kraft deiner Liebe ein,
damit wir das Leben und die Schönheit hüten. (...)
Heile unser Leben,
damit wir Beschützer der Welt sind
und nicht Räuber, damit wir Schönheit säen
und nicht Verseuchung und Zerstörung. (...)
Lehre uns, den Wert von allen Dingen zu entdecken
und voll Bewunderung zu betrachten;
zu erkennen, dass wir zutiefst verbunden sind
mit allen Geschöpfen
auf unserem Weg zu deinem unendlichen Licht.

Papst Franziskus[1]

1 Schlussgebet (gekürzt) aus der Enzyklika „Laudato si – Über die Sorge für das gemeinsame Haus" (2015) von Papst Franziskus zum Thema Umwelt und Entwicklung.

Monatsspruch für Dezember

Meine Augen haben deinen Heiland gesehen, das Heil, das du bereitet hast vor allen Völkern.

Lukas 2,30–31

Es will nun Abend werden

Der Monatsspruch nimmt uns mit ans Ende des Monats Dezember. Denn er ist einer Episode ganz am Schluss der Weihnachtsgeschichte entnommen. Acht Tage nach seiner Geburt wird Jesus beschnitten, vierzig Tage nach Weihnachten wird er im Tempel in Jerusalem „dargebracht". Nach den Vorschriften der Tora (Lukas 2,22 vgl. Levitikus 12,1–8) geht Maria in den Tempel, um als Frau, die geboren hat, durch ein Sündopfer rituell gereinigt zu werden. Sie opfert nach Maß der armen Leute, zwei Turteltauben, ein Schaf können sie nicht aufbringen (Levitikus 12,8). Und den Erstgeborenen muss sie auslösen. So will es die Tora (Lukas 2,23.24; vgl. Exodus 13,2.13b). Vierzig Tage nach Weihnachten, das ist sogar erst am 2. Februar, „Mariä Lichtmess". Der Monatsspruch gehört zum dritten Lobgesang des Lukasevangeliums, nach dem Magnificat der Maria und dem Benedictus des Zacharias nun das „Nunc dimittis" des Simeon. Dieses hat Eingang gefunden in das tägliche Stundengebet der Kirche. Und nun begegnet es uns am Abend des seinem Ende zugehenden Jahres 2023.

Wie schon beim Lobgesang der Maria (Lukas 1,54.55: „Er gedenkt der Barmherzigkeit und hilft seinem Diener Israel auf, wie er geredet hat zu unsern Vätern, Abraham und seinen Nachkommen in Ewigkeit.") und im Benedictus des Zacharias (Lukas 1,68: „Gelobt sei der Herr, der Gott Israels! Denn er hat besucht und erlöst sein Volk.") besingt auch Simeon das Christuskind als ein zuerst Israel zugedachtes Geschenk Gottes. Es ist „das Heil, das du bereitet hast (...) zum Preis deines Volkes Israel" (Lukas 2,31). Dieser letzte Teil des Satzes gehört eigentlich noch zu unserem Monatsspruch dazu. Einmal mehr wird uns deutlich, dass die Geburt Jesu, dass die Weihnachtsgeschichte des Lukas fest verankert und eingebunden ist in die Heilsgeschichte Gottes mit seinem Volk Israel. Durch unseren Monatsspruch daran erinnert zu werden, ist heilsam angesichts der kommerziellen Loslösung des Christfests von allen biblischen Ursprüngen und des Austauschs der handelnden Figuren. Stehen doch heute nicht mehr Maria und Joseph und das Jesuskind, sondern der die Geschenke bringende Weihnachtsmann mit seinem Rentierschlitten und das ihm assistierende Christkind, ein Phantasiewesen, meist dargestellt als blondes junges Mädchen mit Engelsflügeln, im Mittelpunkt.

Im Frieden dein

„Meine Augen haben deinen Heiland gesehen." Simeon hat den Säugling auf den Armen. Er sieht ihn, spürt ihn, riecht ihn. Eine ungewohnte Nähe und ein Zeichen großen Vertrauens. Simeon darf das Kind in die Arme schließen. Und erkennt in ihm den „Heiland". Simeon wird uns vorgestellt als einer, „der auf den Trost Israels wartet". Nur so gehört er in diese Geschichte hinein, so wird er zur Gestalt des Evangeliums. Als Wartender, Erwartender. Ist ihm doch ein Versprechen gegeben worden, vom Heiligen Geist, er solle den Tod nicht sehen, er habe denn zuvor den Christus des Herrn gesehen (Lukas 2,26). Nun wartet er, bis dieses Versprechen eingelöst wird. Wenn der Heilige Geist sein Wort hält, dann wird dies ganz gewiss zu seinen Lebzeiten der Fall sein! Nun ist es soweit. Er sieht nicht nur einen knapp sechs Wochen alten Knaben, er sieht den „Christus des Herrn" und lobt Gott dafür: „Ein Licht, zu erleuchten die Heiden, und zum Preis deines Volkes Israel" (Lukas 2,32).

Und er ist nicht allein. Hanna, 84 Jahre alt, eine Prophetin im Tempel, pflichtet ihm bei und redet von ihm zu allen, die auf die Erlösung Jerusalems warteten.

Wartende Menschen. Auf Erlösung wartend, auf den Heiland wartend. So wird die Geschichte zu einer Adventsgeschichte, für die Zeit der Erwartung, zur Vorbereitung auf das große Fest. So wie Simeon und Hanna, so wird es allen ergehen, die auf die Erlösung warten. Diese vierzig Tage, die gibt es ja auch vorher schon, als Fastenzeit vor Weihnachten, beginnend mit Martini am 11. November und so der Passionszeit vergleichbar als Zeit der Einkehr und der Umkehr.

Simeon und Hanna begegnen den beiden jungen Eltern Maria und Joseph als Gegenüber. Sie verkörpern die alte Welt. Aber eine Welt, die noch immer in Erwartung ist, die also nicht resigniert hat. Sich noch immer nicht abgefunden hat damit, „im Finstern" (Jesaja 9,1) leben zu müssen. Nein, die alte Hoffnung lebt noch, die Erinnerung an die jahrhundertealte Verheißung ist nicht vergessen! Simeon hat sie aufgenommen, er nimmt den Heiligen Geist ernst, „er sollte den Tod nicht sehen, er habe denn zuvor den Christus des Herrn gesehen" (Lukas 2,26). Diese Konstellation, diese „Figurenaufstellung", die uns in dieser Episode der Heiligen Familie in Jerusalem angeboten wird als Deutung unserer eigenen existenziellen Situation, kann uns in dieser Adventszeit ein regelrechter „Lichtblick" sein. Mitten in diesen kurzen, dunklen Tagen führt sie uns die Ankunft des Lichts der Welt vor Augen. Die im Finstern wandeln, beharren darauf! Sie fordern das Ende des Dunkels für ihr Leben ein. Und vielleicht ist es heute nötig, dass die „Alten" an der Hoffnung festhalten und die Jungen daran erinnern. So wie sich ja auch Maria und Joseph wundern über das, was Simeon ihnen verkündet (Lukas 2,33). Damit die Erinnerung an die Verheißung lebendig bleibt und die Hoffnung weitergegeben wird von Generation zu Generation. Simeon nimmt Jesus in die Arme und gibt ihn als das Christuskind, als den Messias Gottes, an Maria zurück. Das verwandelt alle in der Geschichte. Simeon sowieso, aber eben auch das Kind und die Eltern dazu.

Mit Fried und Freud fahr ich dahin

Ein Lobgesang will gesungen sein. Und so hat Martin Luther aus dem lateinischen „Nunc Dimittis" 1524 in Wittenberg ein Kirchenlied gemacht. Es war ihm als Augustinermönch aus der Komplet vertraut. Sein Lied bekam seinen liturgischen Ort an eben jenem 2. Februar, vierzig Tage nach Weihnachten, der ja auch im lutherischen Kirchenjahr ein Festtag geblieben ist. Obwohl ursprünglich nicht so gedacht, wurde es in der Folge zu einem wichtigen Sterbe- und Begräbnislied. So finden wir es heute im Evangelischen Gesangbuch (Mit Fried und Freud fahr ich dahin, EG 519) wieder. Seine vier Strophen gehen am biblischen Text entlang (1 = Lukas 2,29; 2 = Lukas 2,30; 3 = Lukas 2,31; 4 = Lukas 2,31+32). Johann Sebastian Bach hat Luthers Lied verwendet in seinen Kantaten. Im vorletzten Satz von „Gottes Zeit ist die allerbeste Zeit" (BWV 106) und in der Kantate „Mit Fried und Freud ich fahr dahin" (BWV 125). Der Anfang von Simeons Lobgesang ist auch aufgenommen in Bachs Kantate „Ich habe genug" (BWV 82): „Ich habe genug, ich habe den Heiland, das Hoffen der Frommen, auf meine begierigen Arme genommen; ich habe genug! Ich hab ihn erblickt. Mein Glaube hat Jesum ans Herze gedrückt; nun wünsch ich, noch heute mit Freuden von hinnen zu scheiden."

Auch Heinrich Schütz nahm Luthers Lied auf in Satz 21 des ersten Teils seiner musikalischen Exequien (Teutsche Begräbnis-Messe, SWV 279, Er ist das Heil und selig Licht). Und Dieterich Buxtehude machte daraus 1674 eine Trauermusik für seinen Vater (Mit Fried und Freud, BuxWV 76), veröffentlicht unter dem Namen „Fried- und Freudenreiche Hinfarth". Johannes Brahms schließlich baute Luthers Lied ein in den vierten Teil seiner Motette „Warum ist das Licht gegeben dem Mühseligen?" (op. 74, Nr. 1).

Noch ein zweites Lied nimmt den Hymnus des Simeon auf: „Im Frieden dein, o Herre mein" (EG 222). Es stammt ursprünglich von dem Straßburger Münsterprediger Johannes Anglicus (Johann Englisch, genannt „Leimenhans") und fand sich bereits im Straßburger Gesangbuch von 1530. Friedrich Spitta hat es später um eine dritte Strophe erweitert und zu einem Abendmahlslied umgearbeitet.

Auch die Komplet selbst mit dem Lobgesang des Simeon findet sich in EG 782. Nach dem Antiphon (Bewahre uns, o Herr) folgt das „Nunc dimittis" als Psalmgesang (EG 782.10).

Licht der Welt

Das Evangelium des 1. Advents ist der Einzug Jesu in Jerusalem (Matthäus 21,1–11). Das ist etwas überraschend, gehört diese Erzählung doch eigentlich zum Palmsonntag als Auftakt der Karwoche. Doch der erste Einzug Jesu in Jerusalem ist der hier in Lukas 2 beschriebene, als Maria und Joseph ihren Erstgeborenen im Tempel darbringen. In alten Zeiten wurde der Lobgesang Simeons deshalb in einer Lichterprozession zitiert. Diese war dem antiken Brauch nachempfunden, dem Herrscher bei seinem Einzug mit Kerzen entgegenzugehen. So wurde Christus empfangen als „ein Licht zur Erleuchtung der Heiden“ (Lukas 2,32), das von Priester und Gemeinde eingebracht wurde in die Pfarrkirche vor Ort, die dabei zum Symbol für die heilige Stadt Jerusalem wird, in der Christus gegenwärtig ist. Das mag auch ein Impuls für die Adventszeit 2023 sein, solches in der eigenen Gemeinde zu tun oder wenigstens zu Hause beim Entzünden der Kerzen des Adventskranzes, Simeons Christushymnus zu lesen oder in einer der vielen Vertonungen anzuhören.

Hans-Michael Wünsch

Lied EG 222 Im Frieden dein, o Herre mein

Gebet

Im Frieden dein, o Herre mein,
wollst mich nun ruhen lassen.
Als mir ward Bscheid von dir geseit,
so hast mich jetzt begossen,
daß mein Gesicht mit Freuden spricht,
den Heiland habs gesehen!

Leimenhans (Johann Englisch, Straßburg 1530)

Autorenverzeichnis

Ralf Albrecht, geboren 1964, Prälat von Heilbronn.
Anschrift: Alexanderstraße 70, 74074 Heilbronn.
E-Mail: *praelatur.heilbronn@elk-wue.de*

Dieter Braun, geboren 1964,
Diakon und Fachlicher Leiter im Ev. Jugendwerk Stuttgart.
Anschrift: Haeberlinstraße 1-3, 70563 Stuttgart.
E-Mail: *dieter.braun@ejwue.de*

Helmut Dopffel, geboren 1950, Pfarrer i. R.
Anschrift: Grüneisenstraße 5, 70184 Stuttgart.
E-Mail: *Helmut.Dopffel@gmx.de*

Michael Freitag, geboren 1953, Pastor.
Anschrift: Ahltener Straße 29, 31275 Lehrte.
E-Mail: *michael.freitagwed@online.de*

Albrecht Haizmann, geboren 1960, Dr. theol., Pfarrer
und Privatdozent an der Universität Tübingen.
Geschäftsführer der ACK in Baden-Württemberg
Anschrift: Jahnstraße 30, 70597 Stuttgart.
E-Mail: *A.Haizmann@gmx.de*

Claudia Hofrichter, geboren 1960; Dr. theol., Referentin
für Interkulturelle Pastoral, Rottenburg-Ergenzingen.
E-Mail: *hofrichter.kolping.ergenzingen@gmail.com*

Frank Otfried July, geboren 1954, Dr. h.c., Landesbischof i.R.
Anschrift: Evangelischer Oberkirchenrat,
Gänsheidestraße 4, 70184 Stuttgart.

Annette Kick, geboren 1955, Pfarrerin i.R.
Anschrift: Kauffmannstraße 40, 70195 Stuttgart.
E-Mail: *a.kick@gmx.de*

Sonja Kuttler, geboren 1977, Pfarrerin.
Anschrift: Dachsteinstraße 9, 71083 Herrenberg-Kuppingen.
E-Mail: *sonja.kuttler@elkw.de*

Monika Renninger, geboren 1961, Pfarrerin.
Anschrift: Evang. Bildungszentrum Hospitalhof,
Büchsenstraße 33, 70174 Stuttgart.
E-Mail: *monika.renninger@hospitalhof.de*

Thomas Schalla, geboren 1963, Dr. theol., Dekan.
Anschrift: Vincentiusstraße 2, 76137 Karlsruhe.
E-Mail: *thomas.schalla@kbz.ekiba.de*

Kerstin Schmidt-Peterseim, geboren 1970, Pastorin.
Anschrift: Brühlstraße 32, 74211 Leingarten.
E-Mail: *kerstin.schmidt-peterseim@emk.de*

Hans-Michael Wünsch, geboren 1956, Dr. theol., Pfarrer i.R.
Anschrift: Hohenbergerstraße 7, 72138 Kirchentellinsfurt.
E-Mail: *hans-michael.wuensch@gmx.de*

Schriftleitung
Bernd Wildermuth, geboren 1957,
Landesjugendpfarrer i.R. der Württembergischen Landeskirche.
Anschrift: Römerstraße 17, 74177 Bad Friedrichshall.
E-Mail: *berndwildermuth@web.de*